Die Arbeitspapiere des Wirtschaftsprüfers und Steuerberaters im Zivilprozess

von

Prof. Dr. Werner F. Ebke, LL.M.
Universität Konstanz

2003

oVs
Verlag
Dr. Otto Schmidt
Köln

Bibliografische Information Der Deutschen Bibliothek

Die Deutsche Bibliothek verzeichnet diese Publikation in der Deutschen Nationalbibliografie; detaillierte bibliografische Daten sind im Internet über <http://dnb.ddb.de> abrufbar.

Verlag Dr. Otto Schmidt KG
Unter den Ulmen 96–98, 50968 Köln
Tel.: 02 21/9 37 38-01, Fax: 02 21/9 37 38-9 21
e-mail: info@otto-schmidt.de
www.otto-schmidt.de

ISBN 3-504-06130-8

© 2002 by Verlag Dr. Otto Schmidt KG

Das Werk einschließlich aller seiner Teile ist urheberrechtlich geschützt. Jede Verwertung, die nicht ausdrücklich vom Urheberrechtsgesetz zugelassen ist, bedarf der vorherigen Zustimmung des Verlages. Das gilt insbesondere für Vervielfältigungen, Bearbeitungen, Übersetzungen, Mikroverfilmungen und die Einspeicherung und Verarbeitung in elektronischen Systemen.

Das verwendete Papier ist aus chlorfrei gebleichten Rohstoffen hergestellt, holz- und säurefrei, alterungsbeständig und umweltfreundlich.

Umschlaggestaltung: Jan P. Lichtenford, Mettmann
Satz: ICS Communikations-Service GmbH, Bergisch Gladbach
Druck und Verarbeitung: Druck Partner Rübelmann GmbH, Hemsbach
Printed in Germany

Vorwort

Mit Beschluss vom 22. 3. 2002 hat das LG Ingolstadt angeordnet, dass ein Insolvenzverwalter Unterlagen des Schuldners, deren Inhalt für die Entscheidungsfindung und rechtliche Beurteilung in einem Zivilprozess von Bedeutung sind, dem Gericht vorzulegen hat (NZI 2002, 390). Das Gericht macht damit von der Neufassung des § 142 ZPO Gebrauch. Nach § 142 Abs. 1 ZPO kann das Gericht anordnen, „dass eine Partei oder ein Dritter die in ihrem oder seinem Besitz befindlichen Urkunden und sonstigen Unterlagen, auf die sich eine Partei bezogen hat, vorlegt". § 142 Abs. 1 ZPO regelt (wie § 139 ZPO) Maßnahmen der materiellen Prozessleitung durch das Gericht. Um sich möglichst frühzeitig einen umfassenden Überblick über den Prozessstoff verschaffen und das Parteivorbringen zutreffend verstehen zu können, kann das Gericht von sich aus, also ohne förmlichen Beweisantritt nach §§ 420 ff. ZPO die Vorlegung von Urkunden oder ähnlichen Unterlagen anordnen. Die Urkunden werden dann auch Gegenstand der Beweiswürdigung. Die Vorlegung kann durch Beschluss des Gerichts oder vorbereitende Verfügung des Vorsitzenden gemäß § 273 Abs. 2 Nr. 5 ZPO angeordnet werden. Nach dem Wortlaut des § 142 Abs. 1 ZPO ist Voraussetzung für die Anordnung der Urkundenvorlegung lediglich, dass sich *eine* Partei auf die Urkunde oder sonstigen Unterlagen bezogen hat. Daher kann auch der Gegner der beweisbelasteten Partei zur Vorlegung von Urkunden verpflichtet werden, ohne dass er sich selbst im Prozess auf diese Unterlagen bezogen hätte. Das Zivilprozessreformgesetz hat darüber hinaus die Vorlage- und Duldungspflicht nach § 144 ZPO auf Dritte (Einschränkung nach Abs. 2) erweitert, um die erstinstanzliche Sachverhaltsaufklärung zu stärken.

Die zunächst nur wenig beachtete Neuregelung der §§ 142, 144 ZPO scheint einen wesentlich tieferen Einschnitt in die Tradition des deutschen Zivilprozesses darzustellen als viele andere der heftig diskutierten Neuregelungen des neuen Zivilprozessrechts. Einige Autoren befürchten bereits, dass die Neufassung des § 142 ZPO einer *discovery* US-amerikanischer Prägung Tür und Tor öffnen könnte, zumal die Rechtsprechung die „Zumutbarkeits"-Klausel des § 142 Abs. 2 Satz 1 ZPO durchaus eng auslegt (LG Ingolstadt, Zwischenurteil vom 13. 8. 2002, ZInsO 2002, 990, 991). Für Wirtschaftsprüfer sowie Steuerberater und ihre Anwälte stellt sich daher heute die Frage, wie die Neuregelung der §§ 142, 144 ZPO in Schadenshaftpflichtprozessen umgesetzt werden wird und wo die Risiken für den beklagten Wirtschaftsprüfer bzw. Steuerberater liegen könnten. Die Frage stellt sich besonders nachdrücklich im Hinblick auf die Arbeitspapiere (*working papers*) des Wirtschaftsprüfers oder Steuerberaters; Arbeitspapiere werden zu internen Zwecken des Berufsangehörigen gefertigt und sind nach deutschem Berufsrecht nicht zur Weitergabe an andere Personen bestimmt, und zwar weder an den Mandanten noch an Dritte (§ 51 b Abs. 4 WPO; § 66 Abs. 2 Satz 2 StBerG). Die Auswirkungen des neuen Zivilprozessrechts auf die Arbeitspapiere des beklagten Wirtschaftsprüfers bzw. Steuerberaters sind bislang wissenschaftlich nicht untersucht worden.

Klar ist: Die Neuregelung der §§ 142, 144 ZPO wird die Strategie des Klägers im Zivilprozess beeinflussen; der beklagte Wirtschaftsprüfer bzw. Steuerberater und seine Anwälte werden ihrerseits im Schadenshaftpflichtprozess die sich aus §§ 142, 144 ZPO ergebenden Möglichkeiten des Prozessgegners berücksichtigen müssen. Hinzu kommt, dass aus heutiger Sicht nicht ausgeschlossen werden kann, dass die Darlegungs- und Beweislast im Zivilprozess in Zukunft anders als bisher zu beurteilen sein wird. Falls von § 142 ZPO in der gerichtlichen Praxis regelmäßig Gebrauch gemacht werden sollte, ist es denkbar, dass der Gegner der Partei, die im Besitz einer günstigen Urkunde oder sonstiger Unterlagen ist, lediglich der Darlegungslast zu genügen hat, die Beweislast hingegen über § 142 ZPO auf die Partei verlagert wird, die im Besitz der Urkunde ist. Obgleich die ZPO-Reform die Darlegungs- und Beweislast nicht verändern sollte, ist nicht auszuschließen, dass sich auch in Haftpflichtprozessen gegen Angehörige der wirtschaftsprüfenden und steuerberatenden Berufe die Gewichte zwischen den Parteien verschieben werden – je nachdem, wie die Gerichte von dem ihnen vom Gesetzgeber eingeräumten Ermessen im Rahmen der §§ 142, 144 ZPO Gebrauch machen werden.

Die vorliegende Untersuchung behandelt folgende Fragen:

1. Besteht eine rechtliche Verpflichtung (zivilrechtlich, berufsrechtlich, zivilprozessual oder aufgrund sonstiger Vorschriften) eines beklagten Wirtschaftsprüfers oder Steuerberaters, in einem Haftpflichtprozess in Deutschland die eigenen Arbeitspapiere aufgrund eines Beweisbeschlusses bzw. einer entsprechenden gerichtlichen Verfügung dem Gericht bzw. dem beauftragten gerichtlichen Sachverständigen vorzulegen?

    Macht es dabei einen Unterschied, ob es sich bei der vom Wirtschaftsprüfer übernommenen Tätigkeit um eine gesetzliche Pflichtprüfung oder um eine sonstige berufliche Tätigkeit (§ 2 WPO) gehandelt hat?

    Ist diesbezüglich ggfs. zu differenzieren, ob es sich bei dem Kläger um den Mandanten des Wirtschaftsprüfers oder einen fremden Dritten handelt?

2. Welche Schlüsse im Hinblick auf die behauptete schuldhafte Pflichtverletzung darf ein Gericht ziehen, wenn der Wirtschaftsprüfer bzw. Steuerberater die Herausgabe der Arbeitspapiere verweigert? Darf ein Zivilgericht dann zu dem Ergebnis gelangen, dass die seitens des Klägers behaupteten Pflichtverletzungen als bewiesen gelten?

Die Suche nach Lösungen der aufgeworfenen Fragen trifft infolge des Inkrafttretens des Gesetzes zur Modernisierung des Schuldrechts vom 26. 11. 2001 (BGBl. I 3138) auf weitere Unwägbarkeiten (Stichwort: Nebenpflichten). Die jüngste Reform des Schuldrechts könnte sich im Schadenshaftpflichtprozess gegen Wirtschaftsprüfer bzw. Steuerberater im Fall des förmlichen Urkundenbeweises (§§ 420 ff. ZPO) vor allem wegen § 241 Abs. 2 BGB auswirken.

Die vorliegende Untersuchung, die aus einem Rechtsgutachten hervorgegangen ist, will einen Beitrag zum besseren Verständnis der Auswirkungen der Neuregelung der §§ 142, 144 ZPO und des modernisierten Schuldrechts auf die Pflicht des beklagten Wirtschaftsprüfers bzw. Steuerberaters zur Vorlegung seiner Arbeitspapiere im Zivilprozess leisten. Um das Arbeiten mit dem Buch zu erleichtern, sind die wichtigsten Gesetzesvorschriften im Anhang abgedruckt.

Meine Sekretärin, Frau Eleonore Dumitru, hat mit bewährter Umsicht, Genauigkeit und Einsatzfreude das Manuskript in die druckfertige Fassung gebracht; dafür sei ihr an dieser Stelle herzlich gedankt.

Konstanz, im April 2003   Werner F. Ebke
Werner.ebke@uni-konstanz.de

Inhaltsübersicht

	Seite
Vorwort	V
Inhaltsverzeichnis	XI
Abkürzungsverzeichnis	XV
Literaturverzeichnis	XIX

Einleitung

A.	Berufsrechtliche Dokumentationspflicht	1
B.	Begriff und Funktion der Arbeitspapiere	2
C.	Form und Inhalt der Arbeitspapiere	4
D.	Ziel der Untersuchung	5
E.	Gang der Untersuchung	5

Erstes Kapitel:
Anordnung der Urkundenvorlegung gemäß §§ 420 ff. ZPO

A.	Einleitung	7
B.	Materiellrechtlicher Herausgabeanspruch	9
C.	Prozessrechtliche Folgen	54

Zweites Kapitel:
Anordnung der Urkundenvorlegung gemäß §§ 142, 144 ZPO

A.	§ 142 ZPO	55
B.	§ 144 ZPO	56
C.	Auslegung und Anwendung	57
D.	Ausblick	63

Drittes Kapitel:
Allgemeine prozessuale Vorlegungspflichten

A. Prozessuale Mitwirkungs- und Förderungspflichten 65
B. Prozessuale Aufklärungspflichten 65

Fazit 69

Anhang: Gesetzestexte

A. Bürgerliches Gesetzbuch – BGB (Auszug) 71
B. Bundesrechtsanwaltsordnung – BRAO (Auszug) 75
C. Handelsgesetzbuch – HGB (Auszug) 76
D. Steuerberatungsgesetz – StBerG (Auszug) 83
E. Wirtschaftsprüferordnung – WPO (Auszug) 85
F. Zivilprozessordnung – ZPO (Auszug) 87

Stichwortverzeichnis 97

Inhaltsverzeichnis

	Seite
Vorwort	V
Inhaltsübersicht	IX
Abkürzungsverzeichnis	XV
Literaturverzeichnis	XIX

Einleitung

A. Berufsrechtliche Dokumentationspflicht	1
B. Begriff und Funktion der Arbeitspapiere	2
C. Form und Inhalt der Arbeitspapiere	4
D. Ziel der Untersuchung	5
E. Gang der Untersuchung	5

Erstes Kapitel:
Anordnung der Urkundenvorlegung gemäß §§ 420 ff. ZPO

A. Einleitung	7
I. § 422 ZPO	7
II. Vorlage an das Prozessgericht	7
B. Materiellrechtlicher Herausgabeanspruch	9
I. Begriff des Bürgerlichen Rechts	9
1. Enge Auslegung	9
2. Weite Auslegung	10
II. Vertragliche Herausgabe- oder Vorlegungspflicht	11
1. Rechtsnatur des Prüfungsauftrags	11
2. Hauptleistungspflichten	12
a) Ausdrückliche Vereinbarung	13
aa) Berufsrechtliche Wertungen	14
bb) Folgen	16
b) Vereinbarung durch schlüssiges oder konkludentes Verhalten	16
3. Nebenpflichten	17
a) Leistungssichernde Nebenpflichten	19

	Seite
b) Schutzpflichten	20
aa) Aufklärungs-, Obhuts- und Mitwirkungspflichten	20
bb) Auskunftspflichten	21
(a) Allgemeines Auskunftsrecht	21
(b) Einsicht in Unterlagen	22
(c) Normenkonkurrenz	24
cc) Berufsrechtliche Dokumentationspflichten	24
(a) Externe Dokumentationszwecke	25
(b) Interne Dokumentationszwecke	26
(c) Beweissicherungspflicht	27
dd) Allgemeines Persönlichkeitsrecht	28
(a) Vergleich mit Arzthaftpflichtfällen	28
(b) Keine vergleichbare Lage	30
(aa) Informationsrechte	30
(bb) Berichts-, Rede- und Warnpflichten	31
(cc) Persönliche Aspekte	32
(dd) Externalisierung zu Lasten des Prüfers	33
(ee) Informationsgefälle	34
(c) Ermessensreduzierung auf Null?	34
(d) Zwischenergebnis	36
ee) Auswirkungen auf prüfungsvertragsfremde Dritte	36
ff) Rechtsgeschäftsähnliches Schuldverhältnis	37
(a) Entstehung	37
(b) Vertrauensschutz	38
gg) „Öffentliche Funktion" des Abschlussprüfers	39
(a) Die (auch) gesellschaftsübergreifende Funktion der Abschlussprüfung	40
(aa) Instrument der Kontrolle und Transparenz	40
(bb) Entstehungsgeschichte	41
(cc) Sicht der Gerichte	41
(b) Folgerungen	41
4. Ergebnis: Keine rechtsgeschäft(sähn)liche Herausgabe- oder Vorlegungspflicht	43
III. Gesetzliche Herausgabe- oder Vorlegungspflichten	44
1. Wirtschaftsprüferordnung	44
a) § 51 b Abs. 4 WPO	44
b) § 62 Satz 2 WPO	44
c) Ergebnis	46
2. Bürgerliches Gesetzbuch	46
a) Überblick	47
b) §§ 675 Abs. 1, 667 BGB	48

	Seite
c) § 810 BGB	49
aa) § 810, 1. Fall BGB	49
bb) § 810, 2. Fall BGB	50
cc) § 810, 3. Fall BGB	50
dd) Ergebnis	52
3. Handelsgesetzbuch	52
4. Aktiengesetz	53
C. Prozessrechtliche Folgen	54

Zweites Kapitel:
Anordnung der Urkundenvorlegung gemäß §§ 142, 144 ZPO

A. § 142 ZPO	55
B. § 144 ZPO	56
C. Auslegung und Anwendung	57
I. Grenzen	57
1. Substantiierungspflicht	58
2. Keine „Discovery"	59
II. Folgerungen	60
1. Vollständigkeit und Substantiiertheit	60
2. Ermessensreduzierung auf Null	60
a) Regelungszweck	60
b) Wahrheitsfindung	61
c) Kein Beweis entscheidungserheblicher Tatsachen	62
3. Schlüsse des Gerichts	62
D. Ausblick	63

Drittes Kapitel:
Allgemeine prozessuale Vorlegungspflichten

A. Prozessuale Mitwirkungs- und Förderungspflichten	65
B. Prozessuale Aufklärungspflichten	65
I. Die Lehre von der Aufklärungspflicht im Zivilprozess	65
II. Die herrschende Meinung	66
III. ZPO-Reform	66

	Seite
Fazit	69

Anhang: Gesetzestexte

A. Bürgerliches Gesetzbuch – BGB (Auszug) 71
B. Bundesrechtsanwaltsordnung – BRAO (Auszug) 75
C. Handelsgesetzbuch – HGB (Auszug) 76
D. Steuerberatungsgesetz – StBerG (Auszug) 83
E. Wirtschaftsprüferordnung – WPO (Auszug) 85
F. Zivilprozessordnung – ZPO (Auszug) 87

Stichwortverzeichnis 97

Abkürzungsverzeichnis

a. A.	anderer Ansicht
AAB	Allgemeine Auftragsbedingungen für Wirtschaftsprüfer und Wirtschaftprüfungsgesellschaften
Abs.	Absatz
AG	Die Aktiengesellschaft
AICPA	American Institute of Certified Public Accountants
AktG	Aktiengesetz
Allg. Teil	Allgemeiner Teil
AnwBl	Anwaltsblatt
Art.	Artikel
Aufl.	Auflage
BayObLG	Bayerisches Oberstes Landesgericht
BayObLGZ	Entscheidungen des Bayerischen Obersten Landesgerichts in Zivilsachen
BB	Betriebs-Berater
BeckBilKomm	Beck'scher Bilanz-Kommentar. Handels- und Steuerrecht – §§ 238 bis 339 HGB –, 5. Aufl. 2003
BeckStbHb	Beck'sches Steuerberater-Handbuch 1998/99, bearb. von *Jürgen Pelka/Walter Niemann*, 1998
Beschl.	Beschluss
betr.	betreffend
BFuP	Betriebswirtschaftliche Forschung und Praxis
BGB	Bürgerliches Gesetzbuch
BGBl.	Bundesgesetzblatt
BGH	Bundesgerichtshof
BGHZ	Entscheidungen des Bundesgerichtshofs in Zivilsachen
BOStB	Satzung über die Rechte und Pflichten bei der Ausübung der Berufe der Steuerberater und Steuerbevollmächtigten (Berufsordnung der Bundessteuerberaterkammer)
BRAO	Bundesrechtsanwaltsordnung
BS WP/vBP	Berufssatzung Wirtschaftsprüfer/vereidigte Buchprüfer
BT-Drucks.	Bundestags-Drucksache
BVerfG	Bundesverfassungsgericht
BVerfGE	Entscheidungen des Bundesverfassungsgerichts

Abkürzungsverzeichnis

DJT	Deutscher Juristentag
EGBGB	Einführungsgesetz zum BGB
EGZPO	Einführungsgesetz zur ZPO
EPS	Entwurf eines Prüfungsstandards
erg.	ergänzt
EzA-SD	Entscheidungssammlung zum Arbeitsrecht-Schnelldienst
Fn.	Fußnote
GG	Grundgesetz
GmbHG	GmbH-Gesetz
GoA	Grundsätze ordnungsmäßiger Abschlussprüfung
Großkomm. Bilanzrecht	*Peter Ulmer* (Hrsg.), HGB-Bilanzrecht. Rechnungslegung, Abschlussprüfung, Publizität, 2002
HFA	Hauptfachausschuss
HGB	Handelsgesetzbuch
Hk-BGB	Handkommentar BGB, 2. Aufl. 2002
Hrsg.	Herausgeber
HWB	Handwörterbuch der Rechnungslegung und Prüfung, hrsg. von *Wolfgang Ballwieser/Adolf C. Coenenberg/Klaus von Wysocki*, 3. Aufl., 2002
IDW	Institut der Wirtschaftsprüfer in Deutschland e.V.
IDW EPS	Entwurf eines IDW Prüfungsstandards
IDW PH	IDW Prüfungshinweise
IDW PS	IDW Prüfungsstandard
ISA	International Standards on Auditing
JZ	Juristen-Zeitung
KritV	Kritische Vierteljahresschrift für Gesetzgebung und Rechtswissenschaft
KWG	Kreditwesengesetz
l. Sp.	linke Spalte
LAG	Landesarbeitsgericht
lfd.	laufend
LG	Landgericht
LoseblSlg.	Loseblattsammlung
MDR	Monatsschrift für deutsches Recht

MünchKommHGB	Münchener Kommentar zum HGB
m. w. Nachw.	mit weiteren Nachweisen
n. F.	Neue Fassung
n. rkr.	nicht rechtskräftig
NJW	Neue Juristische Wochenschrift
NZI	Neue Zeitschrift für Insolvenzrecht und Sanierung
OLG	Oberlandesgericht
PH	Prüfungshinweis
PS	Prüfungsstandard
r. Sp.	rechte Spalte
RdNr.	Randnummer
RegBegr	Regierungsbegründung
RG	Reichsgericht
RGRK	Das Bürgerliche Gesetzbuch, Kommentar, herausgegeben von Mitgliedern des Bundesgerichtshofs, ab 1974
RGZ	Entscheidungen des Reichsgerichts in Zivilsachen
S.	Seite
SchRG	Gesetz zur Modernisierung des Schuldrechts vom 26. 11. 2001, BGBl. I 3138.
StBerG	Steuerberatungsgesetz
u. a.	unter anderem
Urt.	Urteil
U.S.	United States; United States Supreme Court Reporter
vBP	vereidigter Buchprüfer
vgl.	vergleiche
VO	Verordnung
WG	Wechselgesetz
WM	Wertpapier-Mitteilungen
WP	Wirtschaftsprüfer
WPg	Die Wirtschaftsprüfung
WP-Handbuch	Wirtschaftsprüfer-Handbuch, Bd. I, 12. Aufl., 2000

Abkürzungsverzeichnis

WPK	Wirtschaftsprüferkammer
WPK-Mitt.	Wirtschaftsprüferkammer-Mitteilungen
WPO	Wirtschaftsprüferordnung
z. B.	zum Beispiel
Ziff.	Ziffer
ZinsO	Zeitschrift für das gesamte Insolvenzrecht
ZPO	Zivilprozessordnung
ZPO-RG	Zivilprozessreformgesetz vom 27. 7. 2001, BGBl. I 1887
Zwischenurt.	Zwischenurteil
ZZP	Zeitschrift für Zivilprozess

Literaturverzeichnis

Adler/Düring/Schmaltz, Rechnungslegung und Prüfung der Unternehmen, Bd. 7, 6. Aufl. 1999

Ballwieser, Wolfgang/Coenenberg, Adolf G./Wysocki, Klaus von (Hrsg.), Handwörterbuch der Rechnungslegung und Prüfung, 3. Aufl. 2002
Baumbach, Adolf/Hopt, Klaus J., Handelsgesetzbuch, 30. Aufl. 2000
Baumbach, Adolf/Lauterbach, Wolfgang/Albers, Jan/Hartmann, Peter, ZPO, 60. Aufl., 2002
Becht, Ernst, Einführung in die Praxis des Zivilprozesses, 2. Aufl. 2002
Beck'scher Bilanz-Kommentar, 5. Aufl. 2003
Beck'sches Steuerberater-Handbuch 1998/99, 1998
Bischof, Stefan, Arbeitspapiere, in: *Ballwieser, Wolfgang/Coenenberg, Adolf C./von Wysocki, Klaus* (Hrsg.), Handwörterbuch der Rechnungslegung und Prüfung, 3. Aufl. 2002, S. 96–102.
Brox, Hans, Allgemeiner Teil des BGB, 24. Aufl. 2000

Däubler, Wolfgang, BGB kompakt, 2. Aufl. 2003
Dauner-Lieb, Barbara/Heidel, Thomas/Lepa, Manfred/Ring, Gerhard (Hrsg.), Das Neue Schuldrecht. Ein Lehrbuch, 2002
Dauner-Lieb, Barbara/Heidel, Thomas/Lepa, Manfred/Ring, Gerhard (Hrsg.), Schuldrecht. Erläuterungen der Neuregelungen zum Verjährungsrecht, Schuldrecht, Schadensersatzrecht und Mietrecht, 2002
Defliese, Philip L./Johnson, Kenneth R./MacLeod, Roderick K., Montgomery's Auditing, 9. Aufl. 1975
Dessem, R. Lawrence, Pretrial Litigation. Law, Policy & Practice, 2. Aufl. 1996

Ebenroth, Carsten Th./Boujong, Karlheinz/Joost, Detlev (Hrsg.), Handelsgesetzbuch, 2001
Ebke, Werner F., Der Ruf unserer Zeit nach einer Ordnung der Dritthaftung des gesetzlichen Jahresabschlußprüfers, BFuP 2000, 549–571
Ebke, Werner F., Die zivilrechtliche Verantwortlichkeit der wirtschaftsprüfenden, steuer- und rechtsberatenden Berufe im internationalen Vergleich, 1996
Ebke, Werner F., Rechnungslegung und Abschlußprüfung im Umbruch, WPK-Mitteilungen Sonderheft Juni 1997, 12–24
Ebke, Werner F., Wirtschaftsprüfer und Dritthaftung, 1983
Ebke, Werner F./Fehrenbacher, Oliver, Verfassungswidrige Steuernormen, Gewaltenteilungsgrundsatz und das Bundesverfassungsgericht, in: Festschrift für Karlmann Geiss, 2000, S. 571–592

Ebke, Werner F./Jurisch, Ann-Veruschka, Der unerwünschte Abschlussprüfer: Ersetzungsverfahren (§ 318 Abs. 3 HGB) versus Anfechtungsklage (§ 243 Abs. 1 AktG), AG 2000, 208–216.
Eggert, Mathias, Für eine Regelung der Dritthaftung im Gefolge der Modernisierung des Schuldrechts, KritV 85 (2002), 98–109
Egner, Henning, Betriebswirtschaftliche Prüfungslehre, 1980
Ehmann, Horst/Sutschet, Holger, Modernisiertes Schuldrecht. Lehrbuch der Grundsätze des neuen Rechts und seiner Bedeutung, 2002
Esser, Josef, Grundsatz und Norm, 4. Aufl. 1990

Feuerich, Wilhelm E./Braun, Anton, Bundesrechtsanwaltsordnung, 3. Aufl. 1995
Flume, Werner, Allgemeiner Teil des bürgerlichen Rechts, Bd. 2: Das Rechtsgeschäft, 4. Aufl. 1992

Gehre, Horst, Steuerberatungsgesetz, 4. Aufl. 1999
Gehringer, Axel, Abschlussprüfung, Gewissenhaftigkeit und Prüfungsstandards, 2002
Gottwald, Peter, Empfehlen sich im Interesse eines effektiven Rechtsschutzes Maßnahmen zur Vereinfachung, Vereinheitlichung und Beschränkung der Rechtsmittel und Rechtsbehelfe des Zivilverfahrensrechts?, 61. DJT 1996, A 1–109
Gräfe, Jürgen/Lenzen, Rolf/Schmeer, Andreas, Steuerberaterhaftung: Zivilrecht – Steuerrecht – Strafrecht, 3. Aufl. 1998

Hauser, Harald, Jahresabschlussprüfung und Aufdeckung von Wirtschaftskriminalität, 2000
Hay, Peter, US-amerikanisches Recht, 2. Aufl. 2002
Henssler, Martin/Dedek, Helge, Die Auswirkungen der Schuldrechtsreform auf die Mandatsverhältnisse von Wirtschaftsprüfern, WPK-Mitt. 2002, 278–285
Henssler, Martin/Prütting, Hanns, Bundesrechtsanwaltsordnung, 1997.
Hohloch, Gerhard, Ärztliche Dokumentation und Patientenvertrauen, NJW 1982, 2577–2585
Huber, Peter/Faust, Florian, Schuldrechtsmodernisierung. Einführung in das neue Recht, 2002
Hübner, Heinz, Allgemeiner Teil des Bürgerlichen Gesetzbuches, 2. Aufl. 1996

Institut der Wirtschaftsprüfer (Hrsg.), Abschlußprüfung nach International Standards on Auditing (ISA). Vergleichende Darstellung deutscher und internationaler Prüfungsgrundsätze, 1998
Institut der Wirtschaftsprüfer (Hrsg.), Wirtschaftsprüfer-Handbuch, Bd. I, 2000

Jauernig, Othmar, Zivilprozessrecht, 27. Aufl. 2002
Jessnitzer, Kurt/Blumberg, Hanno, Bundesrechtsanwaltsordnung, 9. Aufl. 2000
Junker, Abbo, Discovery im deutsch-amerikanischen Rechtsverkehr, 1987

Kaufmann, Arthur, Grundprobleme der Rechtsphilosophie, 1994
Kragler, Jürgen, Wirtschaftsprüfung und externe Qualitätskontrolle, 2003
Kropholler, Jan, Studienkommentar, 6. Aufl. 2003
Kuhls C./Meurers, Th./Maxl, P./Schäfer, H./Goez, Chr., Steuerberatungsgesetz. Praktikerkommentar mit Schwerpunkten zum Berufsrecht der Steuerberater, 1995

Larenz, Karl/Canaris, Claus-Wilhelm, Methodenlehre der Rechtswissenschaft, 3. Aufl. 1995
Larenz, Karl/Wolf, Manfred, Allgemeiner Teil des Bürgerlichen Rechts, 8. Aufl. 1997
Leffson, Ulrich, Wirtschaftsprüfung, 4. Aufl. 1988
Lorenz, Stephan/Riehm, Thomas, Lehrbuch zum neuen Schuldrecht, 2002
Lüke, Wolfgang, Zivilprozessrecht, 8. Aufl. 2003
Lüpke, Tobias/Müller, Robert, „Pre-Trial Discovery of Documents" und § 142 ZPO – ein trojanisches Pferd im neuen Zivilprozessrecht?, NZI 2002, 588–589

Marten, Kai-Uwe/Quick, Reiner/Ruhnke, Klaus, Wirtschaftsprüfung. Grundlagen des betriebswirtschaftlichen Prüfungswesens nach nationalen und internationalen Normen, 2001
Medicus, Dieter, Allgemeiner Teil des BGB, 8. Aufl. 2002
Münchener Kommentar zum Handelsgesetzbuch, Bd. 4 (§§ 238–342a) (Bandredakteur *Werner F. Ebke*), 2001
Musielak, Hans-Joachim, Grundkurs BGB, 8. Aufl. 2003
Musielak, Hans-Joachim, Kommentar zur Zivilprozessordnung, 3. Aufl. 2002

Narr, Helmut, Ärztliches Berufsrecht, lfd. erg. LoseblSlg.

Oetker, Harmut/Maultzsch, Felix, Vertragliche Schuldverhältnisse, 2002

Palandt, Bürgerliches Gesetzbuch, 62. Aufl. 2003
Peters, Egbert, Beweisvereitelung und Mitwirkungspflichten des Beweisgegners, ZZP 82 (1969), 200–224
Prütting, Hanns, Die Grundlagen des Zivilprozesses im Wandel der Gesetzgebung, NJW 1980, 361–367

Reichsjustizministerium (Hrsg.), Entwurf eines Gesetzes über Aktiengesellschaften und Kommanditgesellschaften auf Aktien sowie Entwurf eines Einführungsgesetzes nebst erläuternden Bemerkungen, 1930
Richter, Thomas, Jahresabschlussprüfung und Prüfungsanforderungen in der Europäischen Union, 2003
Rosenberg, Leo/Schwab, Karl Heinz, Zivilprozeßrecht, 15. Aufl. 1993
Rüthers, Bernd, Rechtstheorie, 1999

Sahner, Friedhelm/Clauß, Carsten/Sahner, Marc André, Qualitätskontrolle in der Wirtschaftsprüfung, 2002
Schack, Haimo, Internationales Zivilverfahrensrecht, 3. Aufl. 2002
Schlegelberger, Franz/Quassowski, Leo, Aktiengesetz, 1937
Schlosser, Peter, Die lange deutsche Reise in die prozessuale Moderne, JZ 1991, 599
Schulze, Reiner, Handkommentar BGB, 2. Aufl. 2002
Stadler, Astrid, Der Schutz des Unternehmensgeheimnisses im deutschen und U.S.-amerikanischen Zivilprozeß und im Rechtshilfeverfahren, 1989
Steindorff, Ernst, Anmerkung, JZ 1963, 370–371
Stürner, Rolf, Anmerkung zu BGH, Urt. vom 11. 6. 1990, ZZP 104 (1991) 208–217
Stürner, Rolf, Die Aufklärungspflicht der Parteien des Zivilprozesses, 1976
Stürner, Rolf, Parteipflichten bei der Sachverhaltsaufklärung im Zivilprozeß, ZZP 98 (1985), 237–256
Sutschet, Holger, Der Schutzanspruch zugunsten Dritter, 1999

Thomas, Heinz/Putzo, Hans, Zivilprozessordnung, 24. Aufl. 2002

Uhlenbruck, Wilhelm, Gerichtliche Anordnung der Vorlage von Urkunden gegenüber dem Insolvenzverwalter, NZI 2002, 589–590
Ulmer, Peter (Hrsg.), HGB-Bilanzrecht, 1. Teilbd. (§§ 238–289 HGB), 2002; 2. Teilbd. (§§ 290–342 a HGB), 2002

Windscheid, Bernhard, Pandektenrecht I, 7. Aufl. 1891
Wirtschaftsprüferkammer, Berufssatzung WP/vBP, 2002
Wirtschaftsprüferkammer (Hrsg.), International Standards on Auditing (ISAs) – Internationale Prüfungsgrundsätze, 2000

Zekoll, Joachim/Bolt, Jan, Die Pflicht zur Vorlage von Urkunden im Zivilprozess – Amerikanische Verhältnisse in Deutschland?, NJW 2002, 3129–3134
Zippelius, Reinhold, Juristische Methodenlehre, 8. Aufl. 2003
Zöller, Richard, Zivilprozessordnung, 23. Aufl. 2002

Einleitung

A. Berufsrechtliche Dokumentationspflicht

Es gehört zu den berufsrechtlichen Pflichten des Wirtschaftsprüfers,[1] die von ihm entfaltete berufliche Tätigkeit angemessen zu dokumentieren. Die **berufsrechtliche Dokumentationspflicht** folgt aus § 51 b Abs. 1 WPO; diese Bestimmung verpflichtet den Wirtschaftsprüfer, Handakten anzulegen, die „ein zutreffendes Bild über die von ihm entfaltete Tätigkeit geben können".[2] Die Pflicht des Wirtschaftsprüfers zur Anlegung von Handakten gilt sowohl für Abschlussprüfungen[3] als auch für alle anderen beruflichen Tätigkeiten, welche Wirtschaftsprüfern nach § 2 WPO übertragen sind. Die Handakten sind grundsätzlich für die Dauer von sieben Jahren nach Beendigung des Auftrags aufzubewahren (§ 51 b Abs. 2 Satz 1 WPO; vgl. Ziff. 15 Abs. 1 AAB; § 66 Abs. 1 Satz 1 StBerG).

Die **Aufbewahrungspflicht** erlischt jedoch schon vor Beendigung dieses Zeitraums, wenn der Wirtschaftsprüfer den Auftraggeber aufgefordert hat, die Handakten in Empfang zu nehmen, und der Auftraggeber dieser Aufforderung binnen sechs Monaten nach Erhalt der Aufforderung nicht nachgekommen ist (§ 51 b Abs. 2 Satz 2 WPO; vgl. § 66 Abs. 1 Satz 2

---

1 Wirtschaftsprüfer ist, wer als solcher öffentlich bestellt ist (§ 1 Abs. 1 Satz 1 WPO). Im Folgenden werden die Begriffe Wirtschaftsprüfer und Wirtschaftsprüfungsgesellschaft synonym verwandt, soweit rechtliche Gründe nicht gegen eine solche Gleichstellung sprechen. Wirtschaftsprüfungsgesellschaften bedürfen der Anerkennung; die Anerkennung setzt den Nachweis voraus, dass die Gesellschaft von Wirtschaftsprüfern verantwortlich geführt wird (§ 1 Abs. 3 WPO). Die Ausführungen und Ergebnisse der nachfolgenden Untersuchungen gelten weitgehend auch für vereidigte Buchprüfer im Sinne der §§ 128 ff. WPO.
2 Eine entsprechende Verpflichtung ist für Steuerberater nicht ausdrücklich normiert. Nach h. M. ergibt sich die Dokumentationspflicht aber aus der Pflicht zur gewissenhaften Berufsausübung (§ 57 Abs. 1 StBerG). Siehe nur *Kuhls/ Meurers/Maxl/Schäfer/Goez*, Steuerberatungsgesetz, § 66 RdNr. 5. Im Übrigen machen die in § 66 StBerG enthaltenen Regelungen und die Verpflichtung zur Vorlage von Handakten nach § 80 StBerG nur Sinn, wenn eine entsprechende Pflicht zur Anlegung und Führung von Handakten besteht. Ebenso *Kuhls/Meurers/Maxl/Schäfer/Goez*, a. a. O., § 66 RdNr. 5.
3 Siehe IDW PS 240.28–240.32; für Gemeinschaftsprüfungen siehe IDW PS 208.20. Siehe ferner ISA 230: *Documentation*; autorisierte deutsche Übersetzung in: *Wirtschaftsprüferkammer* (Hrsg.), International Standards on Auditing, S. 85–91; siehe dazu die vergleichende Darstellung in *Institut der Wirtschaftsprüfer* (Hrsg.), Abschlußprüfung, S. 87–102.

StBerG; § 30 Abs. 1 BOStB)[4]. Der Wirtschaftsprüfer kann seinem Auftraggeber die Herausgabe der Handakten verweigern, bis er wegen seiner Vergütung und Auslagen befriedigt ist, soweit die Vorenthaltung der Handakten oder einzelner Schriftstücke nach den Umständen nicht unangemessen wäre (§ 51 b Abs. 3 WPO; vgl. § 66 Abs. 4 StBerG).

Die berufsrechtliche Aufbewahrungspflicht und die berufsrechtliche Pflicht zur **Herausgabe der Handakten** an den Auftraggeber betrifft nach dem Willen des Gesetzgebers aber nicht sämtliche Bestandteile der Handakten. Handakten im Sinne des § 51 b Abs. 2 und 3 WPO sind gemäß § 51 b Abs. 4 WPO vielmehr „nur die Schriftstücke, die der Wirtschaftsprüfer aus Anlaß seiner beruflichen Tätigkeit von dem Auftraggeber oder für ihn erhalten hat, nicht aber der Briefwechsel zwischen dem Wirtschaftsprüfer und seinem Auftraggeber, die Schriftstücke, die dieser bereits in Urschrift oder Abschrift erhalten hat, sowie die zu internen Zwecken gefertigten Arbeitspapiere". Entsprechendes gilt für die Handakten des Steuerberaters (§ 66 Abs. 2 StBerG).[5]

B. Begriff und Funktion der Arbeitspapiere

Der **Begriff der Arbeitspapiere** (*working papers*) ist gesetzlich nicht definiert. Die Sicht des Berufsstands der Wirtschaftsprüfer spiegelt sich in IDW PS 460: *Arbeitspapiere des Abschlussprüfers*. IDW PS 460.1 versteht unter Arbeitspapieren „alle Aufzeichnungen und Unterlagen, die der Abschlussprüfer im Zusammenhang mit der Abschlussprüfung selbst erstellt, sowie alle Schriftstücke und Unterlagen, die er von dem geprüften Unternehmen oder von Dritten als Ergänzung seiner eigenen Unterlagen zum Verbleib erhält".[6]

Über die **Funktion der Arbeitspapiere** besteht in Praxis und Wissenschaft weitgehend Einigkeit.[7] Die Arbeitspapiere dienen vor allem der Unter-

---

[4] Eine Dokumentation in Papierform ist nicht zwingend vorgeschrieben; es kommt auch eine Anlegung und Aufbewahrung mittels elektronischer Datenverarbeitung in Betracht (§ 51 b Abs. 5 WPO).
[5] Vgl. LG Heidelberg, Urt. vom 29. 9. 1997, MDR 1998, 188 („keine abschließende Regelung des Begriffs der Handakten").
[6] IDW PS 460 gilt hinsichtlich der Anforderungen an die Arbeitspapiere des Prüfers für Qualitätskontrolle (vgl. IDW PS 140.77), des Umweltberichtsprüfers (vgl. IDW PS 820.39) und des WebTrust-Prüfers (vgl. IDW PS 890.33) sowie für die prüferische Durchsicht von Abschlüssen (vgl. IDW PS 900.24) entsprechend.
[7] Siehe IDW PS 460.7; vgl. auch schon HFA 2/1981, B I sowie WP-Handbuch 2000, Bd. I, S. 1849–1850. Siehe ferner *Bischof*, HWB, S. 96–97; *Niemann*, BeckStbHb, S. 635–636; *Leffson*, Wirtschaftsprüfung, S. 292–296; *Egner*, Betriebswirtschaftliche Prüfungslehre, S. 195–197. Vgl. ISA 230: *Documentation*.

stützung des Abschlussprüfers bei der Planung⁸ und Durchführung der Abschlussprüfung sowie der Unterstützung bei der Überwachung der Prüfungstätigkeit.⁹ Arbeitspapiere bilden darüber hinaus die Grundlage für die *interne* Nachprüfung der Prüfungsqualität (Berichtskritik und Nachschau). Arbeitspapiere dienen ferner der Dokumentation der Prüfungsnachweise (*audit evidence*)¹⁰ und Prüfungshandlungen¹¹ zur Stützung der Prüfungsaussagen im Prüfungsbericht (§ 321 HGB) und im Bestätigungsvermerk (§ 322 HGB).¹²

Besonders wichtig sind Arbeitspapiere, wenn die Prüfung infolge der Aufspaltung in eine Vorprüfung und eine Hauptprüfung zu unterschiedlichen Zeitpunkten stattfindet.¹³ Bei einem Prüferwechsel während einer **laufenden Abschlussprüfung** (z. B. wegen Krankheit oder anderweitigen Einsatzes) helfen Arbeitspapiere zu verhindern, dass entweder Teilgebiete der jeweiligen Prüfung irrtümlich überhaupt nicht geprüft werden oder die Prüfungsaktivitäten dupliziert werden.¹⁴ Arbeitspapiere dienen außerdem der Unterstützung bei der Beantwortung von Rückfragen (z. B. von dem Auftraggeber oder von dem Gemeinschaftsprüfer¹⁵) bezüglich der Abschlussprüfung. Sie bilden darüber hinaus die Grundlage für die Weiterverfolgung von Prüfungsfeststellungen im folgenden Jahr,¹⁶ die Qualitätskontrolle in der Wirtschaftsprüferpraxis („Peer Review" – § 57 a

---

8 Vgl. IDW PS 240.28. Siehe auch unten S. 23.
9 Siehe auch IDW PH 9.140 Anhang 3, Ziff. 60 und IDW PH 9.140 Anhang 3, Ziff. 66–74; IDW PH 9.140 Anhang 5, Ziff. 41–48 und 66.
10 Vgl. z. B. IDW EPS 250.26 (Dokumentation der Berücksichtigung des Grundsatzes der Wesentlichkeit bei den Schlussfolgerungen aus eingeholten Prüfungsnachweisen). Siehe ferner BeckBilKomm-*Förschle/Peter*, § 317 RdNr. 205; *Marten/Quick/Ruhnke*, Wirtschaftsprüfung, S. 314.
11 Vgl. z. B. IDW PS 260.79 (Prüfung des internen Kontrollsystems); IDW PS 320.31 (Verwendung der Arbeit eines anderen externen Prüfers); IDW PS 322.23 (Verwertung der Arbeit von Sachverständigen); IDW EPS 330.109 (IT-System).
12 Siehe IDW PH 9.140, Anhang 4, Ziff. 79. Zu den Arbeitspapieren des Steuerberaters siehe *Kuhls/Meurers/Maxl/Schäfer/Goez*, Steuerberatungsgesetz, § 66 RdNr. 4.
13 *Egner*, Betriebswirtschaftliche Prüfungslehre, S. 196.
14 *Egner*, Betriebswirtschaftliche Prüfungslehre, S. 196.
15 Vgl. IDW PS 208.20.
16 *Marten/Quick/Ruhnke*, Wirtschaftsprüfung, S. 314. Zu Dauerakten bei Wiederholungsprüfungen siehe *Niemann*, BeckStbHb, S. 634–635; *Bischof*, HWB, S. 97; *Leffson*, Wirtschaftsprüfung, S. 293–294; WP-Handbuch 2000, Bd. I, S. 1851.

WPO)[17] sowie die Beurteilung der Qualität der Arbeit bei Verwendung der Arbeit eines anderen externen Prüfers (IDW PS 320.23). In **Aufsichts- und Beschwerdesachen** vor der Wirtschaftsprüferkammer dienen die Arbeitspapiere als Teil der Handakten auch als Grundlage für Entscheidungen der Wirtschaftsprüferkammer (§ 62 Satz 2 WPO; vgl. § 80 StBerG).[18]

C. Form und Inhalt der Arbeitspapiere

Form und Inhalt der Arbeitspapiere sowie die Grundsätze der Führung von Arbeitspapieren sind gesetzlich nicht geregelt; sie stehen vielmehr im pflichtgemäßen Ermessen des Wirtschaftsprüfers (§ 51 b Abs. 1 WPO; IDW PS 460.10).[19] Das Institut der Wirtschaftsprüfer (IDW) hat die Lücke im Gesetz zu schließen versucht und in IDW PS 460.8 – 460.21 einige allgemeine „**Standards**" entwickelt, die aber keine Rechtsnormqualität haben und auch kein Gewohnheitsrecht darstellen.[20] Zur Erhöhung der Effizienz wird in der Praxis auf standardisierte Arbeitspapiere (z. B. Checklisten, Musterbriefe, Standardgliederungen) zurückgegriffen, die an die Besonderheiten des jeweiligen Prüfungsauftrags angepasst werden (vgl. IDW PS 460.16).

---

17 Siehe z. B. IDW PS 140.64 und IDW PS 140.68–140.69 (Beurteilung der Abwicklung von Aufträgen); IDW PS 140.72–140.74 und IDW PH 9.140 Anhang 3, Ziff. 60–75 (Beurteilung der internen Nachschau). Zur Nachschau siehe auch § 39 BS WP/vBP. Allgemein zur Qualitätskontrolle in der Wirtschaftsprüfung *Sahner/Clauß/Sahner*, Qualitätskontrolle; *Kragler*, Wirtschaftsprüfung.
18 § 62 Satz 2 WPO spricht nur von „Handakten". Aus der Tatsache, dass § 51 b Abs. 4 WPO den Begriff der Handakten (§ 51 b Abs. 1 WPO) ausdrücklich nur für Zwecke des § 51 b Abs. 2 und 3 WPO einschränkt, um die zu internen Zwecken gefertigten Arbeitspapiere u. a. von der berufsrechtlichen Pflicht zur Herausgabe an den Auftraggeber auszunehmen, und dem Fehlen einer entsprechenden Einschränkung in § 62 WPO lässt sich im Umkehrschluss ableiten, dass § 62 Satz 2 WPO unter „Handakten" auch die Arbeitspapiere des Wirtschaftsprüfers versteht; die Arbeitspapiere unterliegen mithin der Vorlegungspflicht gemäß § 62 Satz 2 WPO. Entsprechendes gilt für die Arbeitspapiere des Steuerberaters: *Kuhls/Meurers/Maxl/Schäfer/Goez*, Steuerberatungsgesetz, § 80 RdNr. 35; *Gehre*, Steuerberatungsgesetz, § 80 RdNr. 14.
19 Entsprechendes gilt für Arbeitspapiere des Steuerberaters, § 57 Abs. 1 StBerG.
20 MünchKomm/HGB-*Ebke*, § 323 RdNr. 27 m. w. Nachw.; *Gehringer*, Abschlussprüfung, S. 111–113; *Hauser*, Jahresabschlussprüfung, S. 64–65; *Richter*, Jahresabschlussprüfung, S. 64; *Sahner/Clauß/Sahner*, Qualitätskontrolle, S. 17; *Marten/Quick/Ruhnke*, Wirtschaftsprüfung, S. 73. Siehe dazu noch unten S. 35.

D. Ziel der Untersuchung

Ziel der nachfolgenden Untersuchung ist, die Frage zu beantworten, ob in einem Haftpflichtprozess in Deutschland der beklagte Wirtschaftsprüfer **rechtlich** (zivilrechtlich, berufsrechtlich, zivilprozessual oder aufgrund sonstiger Vorschriften) **verpflichtet** ist, die eigenen **Arbeitspapiere** aufgrund eines Beweisbeschlusses bzw. einer entsprechenden gerichtlichen Verfügung dem Gericht bzw. dem beauftragten gerichtlichen Sachverständigen **vorzulegen**.[21] In diesem Zusammenhang soll außerdem die Frage beantwortet werden, ob es dabei einen Unterschied macht, ob es sich bei der vom Wirtschaftsprüfer übernommenen Tätigkeit um eine gesetzliche Pflichtprüfung oder um eine sonstige berufliche Tätigkeit gehandelt hat, und ob danach zu differenzieren ist, ob es sich bei dem Kläger um den Mandanten des Wirtschaftsprüfers oder einen fremden Dritten handelt. Die Untersuchung geht darüber hinaus der Frage nach, welche Schlüsse im Hinblick auf die behauptete schuldhafte Pflichtverletzung ein Gericht ziehen darf, wenn der Wirtschaftsprüfer die Herausgabe der Arbeitspapiere verweigert. Darf ein Zivilgericht dann zu dem Ergebnis gelangen, dass die seitens des Klägers behaupteten Pflichtverletzungen als bewiesen gelten?

E. Gang der Untersuchung

Ob der beklagte Wirtschaftsprüfer im Haftpflichtprozess dem Gericht oder einem beauftragten gerichtlichen Sachverständigen seine Arbeitspapiere vorlegen muss, beurteilt sich je nachdem, ob der beweisbelastete Gegner des beklagten Wirtschaftsprüfers **förmlich Urkundenbeweis** angetreten hat und eine Vorlegungspflicht des Wirtschaftsprüfers nach bürgerlichem Recht besteht (§§ 420–422 ZPO) oder ob die Urkundenvorlegung aufgrund der Bezugnahme einer Partei von dem Gericht **von Amts wegen angeordnet** wird (§§ 142, 144 ZPO). Eine Pflicht zur Vorlegung der Arbeitspapiere könnte sich ungeachtet der Neuregelung der §§ 142, 144 ZPO außerdem aus allgemeinen prozessualen Grundsätzen oder prozessrechtlichen Pflichten (z. B. aus der prozessualen Aufklärungs-, Mitwirkungs- oder Förderpflicht) ergeben. Im Folgenden soll zunächst das Bestehen einer materiellrechtlichen Pflicht des beklagten Wirtschaftsprüfers zur Urkundenvorlegung gemäß § 422 ZPO untersucht werden. Im zweiten Kapitel soll die Anordnung der Urkundenvorlegung nach

---

21 Die nachfolgenden Ausführungen gelten sinngemäß für Steuerberater und Steuerbevollmächtigte, soweit sich aus gesetzlichen oder berufsrechtlichen Regelungen oder aus der Funktion des Steuerberaters bzw. Steuerbevollmächtigten nicht etwas anderes ergibt.

§§ 142, 144 ZPO n. F. beleuchtet werden. Den allgemeinen prozessualen Vorlegungspflichten ist das dritte Kapitel der Untersuchung gewidmet. Am Ende steht der Versuch, die aufgeworfenen Fragen abschließend zu beantworten.

Erstes Kapitel:
Anordnung der Urkundenvorlegung gemäß §§ 420 ff. ZPO

A. Einleitung

Für den Fall des förmlichen Urkundenbeweises durch die beweisführende Partei enthalten die §§ 420 ff. ZPO vorrangige Sonderregeln.

I. § 422 ZPO

Nach § 422 ZPO ist der Gegner der beweisbelasteten Partei im Prozess zur Vorlegung der Urkunden verpflichtet, wenn der Beweisführer „nach den Vorschriften des bürgerlichen Rechts die Herausgabe oder die Vorlegung der Urkunde verlangen kann".[22] Der beklagte Wirtschaftsprüfer wäre danach zur Vorlegung der Arbeitspapiere **verpflichtet, wenn**

- der Beweisführer Vorlegungsantrag (§§ 421, 424 ZPO) gestellt hat,
- der Wirtschaftsprüfer den unmittelbaren Besitz an den Arbeitspapieren eingeräumt hat (sonst gilt § 426 ZPO),
- ein materiellrechtlicher Anspruch des Beweisführers auf die Herausgabe oder die Vorlegung der Urkunde besteht (§ 422 ZPO) und
- das Gericht die Vorlegung wegen Beweiserheblichkeit gemäß § 425 ZPO angeordnet hat.

II. Vorlage an das Prozessgericht

Wegen § 355 Abs. 1 ZPO ist die Urkunde grundsätzlich dem Prozessgericht vorzulegen, und zwar auch dann, wenn der materiellrechtliche Anspruch auf Herausgabe an den Beweisführer lautet.[23] Ausnahmen sind in § 434 ZPO geregelt (Vorlegung vor dem beauftragten oder ersuchten Richter). Das Gericht darf *nicht* anordnen, dass der nicht beweisbelastete Wirtschaftsprüfer im Haftpflichtprozess die Arbeitspapiere einem beauftragten gerichtlichen **Sachverständigen** zur Einsichtnahme oder Begutachtung vorzulegen hat; eine solche Anordnung verstößt nämlich (das

---

[22] Der Gegner des Beweisführers ist auch zur Vorlegung der in seinen Händen befindlichen Urkunden verpflichtet, auf die er im Prozess zur Beweisführung Bezug genommen hat, selbst wenn es nur in einem vorbereitenden Schriftsatz geschehen ist (§ 423 ZPO). Vgl. *Lüke*, Zivilprozessrecht, S. 302.

[23] Vgl. *Huber*, in: Musielak, ZPO, § 422 RdNr. 2.

Bestehen einer materiellrechtlichen Herausgabe- oder Vorlegungspflicht des Gegners einmal unterstellt) gegen den Grundsatz der Unmittelbarkeit der Beweisaufnahme (§ 355 Abs. 1 ZPO). Hinzu kommt: Gutachten von Sachverständigen unterliegen der freien Beweiswürdigung durch das Gericht (§§ 286 Abs. 1, 287 Abs. 1 ZPO). Dementsprechend darf das Gericht grundsätzlich von dem Gutachten des Sachverständigen abweichen, wenn es von den Ausführungen des Sachverständigen nicht überzeugt ist.[24] Eine **zulässige Abweichung** des Gerichts von dem Gutachten des Sachverständigen erfordert stets die Darlegung der hierfür maßgeblichen Erwägungen im Sinne einer einleuchtenden und nachvollziehbaren Begründung im Urteil.[25] Für eine zulässige Abweichung muss das Gericht die von dem Sachverständigen zugrundegelegten tatsächlichen Annahmen ebenso kennen und nachvollziehen können wie die Schlussfolgerungen des Sachverständigen. Ohne Kenntnis des Inhalts der Arbeitspapiere kann das Gericht dieser Aufgabe nicht nachkommen. Außerdem kann es nach der Rechtsprechung des Bundesverfassungsgerichts gegen Art. 2 Abs. 1 GG in Verbindung mit dem **Rechtsstaatsprinzip** (Art. 20 Abs. 3 GG) verstoßen, wenn ein Sachverständigengutachten zur Grundlage eines Urteils gemacht wird, obwohl weder das Gericht noch die Prozessparteien die Möglichkeit hatten, die von dem Sachverständigen zugrunde gelegten Befundstatsachen zu überprüfen.[26]

Bei streitigem Sachverhalt ist es im Übrigen Sache des Tatrichters, dem Sachverständigen die von diesem benötigten und zugrundezulegenden Tatsachen vorzugeben (vgl. § 404 a Abs. 3 ZPO). Soweit der Sachverständige Tatsachen zugrundelegt, deren Berücksichtigung der Tatrichter für falsch hält, ist es Sache des Tatrichters, dem Sachverständigen die richtigen Tatsachen an die Hand zu geben und im Wege eines **Ergänzungsgutachtens** oder mittels **Anhörung des Sachverständigen** die Auswirkungen der Tatsachen auf das Gutachten mit diesem oder einem anderen Sachverständigen vor Schluss der mündlichen Verhandlung zu klären.[27] Der (denkbare) Wunsch des Gerichts, durch Vorlegung der Arbeitspapiere an den beauftragten gerichtlichen Sachverständigen anstelle des Gerichts einer möglichen Ausforschung des nicht beweisbelasteten Wirtschaftsprüfers durch die beweisbelastete Partei (vgl. § 299 Abs. 1 ZPO) zu begegnen, rechtfertigt die Anordnung der Vorlegung an den beauftragten gerichtlichen Sachverständigen nicht. Das Verbot des Ausforschungsbeweises und die §§ 383 Abs. 1, 384 ZPO analog (Zeugnisverweigerungsrecht aus

---

24 Siehe statt vieler BGH, Urt. vom 21. 1. 1997, NJW 1997, 1446, 1446 (r. Sp.).
25 BGH, Urt. vom 21. 1. 1997, NJW 1997, 1446, 1446–1447.
26 BVerfG, Beschl. vom 11. 10. 1994, NJW 1995, 40 (betr. Gutachten über die ortsübliche Vergleichsmiete).
27 Vgl. BGH, Urt. vom 21. 1. 1997, NJW 1997, 1446, 1447.

persönlichen oder sachlichen Gründen) bilden zugleich die **prozessualen** Grenzen der Herausgabe- bzw. Vorlegungspflicht nach § 422 ZPO.[28]

B. Materiellrechtlicher Herausgabeanspruch

Ob ein Anspruch des Beweisführers auf die Herausgabe bzw. Vorlegung der Arbeitspapiere des beklagten Wirtschaftsprüfers besteht und ob Einwendungen dagegen bestehen, beurteilt sich nach **materiellem** Recht (§ 422 ZPO).[29]

I. Begriff des Bürgerlichen Rechts

Der in § 422 ZPO verwandte Begriff des „bürgerlichen Rechts" ist auslegungsbedürftig.[30]

1. Enge Auslegung

Damit könnte das bürgerliche Recht im engeren Sinne gemeint sein. Als solches würde der Begriff „bürgerliches Recht" nicht das ganze geltende deutsche Privatrecht erfassen, sondern nur einen Ausschnitt daraus, nämlich das für jedermann geltende Privatrecht, das auf dem **Bürgerlichen Gesetzbuch** und seinen **Ergänzungsgesetzen** beruht. Davon zu unterscheiden sind privatrechtliche Sätze, die für **besondere Lebenskreise** gelten, wie das Handelsrecht, das Gewerberecht (soweit es die privatrechtlichen Interessen der gewerblichen Unternehmungen regelt), das Arbeitsrecht und das Berufsrecht (soweit es privatrechtliche Interessen der Berufsangehörigen und deren Auftraggeber und ggfs. Dritter regelt), und die privatrechtlichen Sätze, die für **besondere Güterkreise** in Sondergesetzen niedergelegt sind, wie das Urheberrecht, Patentrecht, Verlagsrecht, Markenrecht usw., die gewissen Erzeugnissen schöpferischer Tätigkeit Rechtsschutz verleihen.

---

28 *Huber*, in: Musielak, ZPO, § 422 RdNr. 1.
29 Die Verletzung der Anordnung zur Urkundenvorlegung nach § 422 ZPO wird nicht selbständig, sondern gemäß §§ 427, 444 ZPO nur im Rahmen der Beweiswürdigung sanktioniert. Zu weiteren Einzelheiten siehe etwa *Huber*, in: Musielak, ZPO, § 421 RdNr. 4; *Reichold*, in: Thomas/Putzo, ZPO, § 142 RdNr. 5.
30 Zur Bedeutung des Begriffs „bürgerliches Recht" siehe allgemein *Brox*, Allg. Teil des BGB, S. 12–13; *H. Hübner*, Allg. Teil des BGB, S. 4; *Larenz/Wolf*, Allg. Teil des Bürgerlichen Rechts, S. 13–19; *Medicus*, Allg. Teil des BGB, S. 8–10.

2. Weite Auslegung

In der Kommentarliteratur wird der Begriff des „bürgerlichen Rechts" in § 422 ZPO überwiegend weit ausgelegt. Gemeint sind danach die Herausgabe- bzw. Vorlegungspflichten insbesondere aufgrund des BGB, des HGB, des AktG und des WG.[31] In der Literatur wird – zumeist unter Hinweis auf die Rechtsprechung zur Einsichtnahme in Krankenpapiere – darüber hinaus auf Herausgabe- bzw. Vorlegungspflichten aufgrund des allgemeinen, die gesamte Privatrechtsordnung beherrschenden Grundsatzes von Treu und Glauben (§ 242 BGB) oder aufgrund des allgemeinen Persönlichkeitsrechts verwiesen.[32]

Für ein **weites Verständnis** des Begriffs des „bürgerlichen Rechts" in § 422 ZPO spricht insbesondere, dass das deutsche Recht den besonderen Bedürfnissen der beweisbelasteten Partei in erster Linie mit Hilfe materiellrechtlich konzipierter Ansprüche auf Auskunft, Urkundenvorlegung und Einsichtnahme Rechnung trägt, statt – wie beispielsweise das aus den USA bekannte Verfahren der **pre-trial discovery of documents**[33] – der beweisbelasteten Partei im Stadium zwischen Einreichung der Klage und mündlicher Verhandlung die Möglichkeit einer umfassenden Tatsachen- und Sachverhaltsermittlung zu eröffnen.[34] Die – im Gesetz zur Reform des Zivilprozesses (**Zivilprozessreformgesetz** [ZPO-RG]) vom 27. 7. 2001,[35] zuletzt geändert durch Gesetz vom 23. 7. 2002,[36] noch einmal ausdrücklich bestätigte[37] – Entscheidung des deutschen Gesetzgebers **gegen** die Möglichkeit der Ausforschung des Gegners im Zivilprozess und **für** eine Berücksichtigung der berechtigten Bedürfnisse der beweisbelasteten Partei mit Hilfe materiellrechtlich konzipierter Ansprüche auf Auskunft, Herausgabe bzw. Vorlegung von Urkunden und Einsichtnahme spricht dafür, den Begriff des „bürgerlichen Rechts" in § 422 ZPO im weiten Sinne auszulegen und anzuwenden und von § 422 ZPO selbst Vorschriften in öffentlichrechtlichen Gesetzen (z. B. WPO) mit privatrechtlichem Regelungsgehalt als mit erfasst anzusehen.[38] Zu den Vorschriften des bürgerlichen Rechts im Sinne des § 422 ZPO zählen

---

31 Siehe etwa *Geimer*, in: Zöller, ZPO, § 422 RdNr. 2; *Huber*, in: Musielak, ZPO, § 422 RdNr. 1; *Reichold*, in: Thomas/Putzo, ZPO, § 422 RdNr. 4.
32 Siehe z. B. *Geimer*, in: Zöller, ZPO, § 422 RdNr. 2; *Huber*, in: Musielak, ZPO, § 422 RdNr. 1.
33 Zu Einzelheiten des *pre-trial discovery*-Verfahrens in den USA siehe die Nachweise in Fn. 127.
34 Vgl. *Schack*, Internationales Zivilverfahrensrecht, S. 320–321.
35 BGBl. I 1887.
36 BGBl. I 2850.
37 Siehe dazu unten S. 59.
38 Öffentlichrechtliche Herausgabe- oder Vorlegungspflichten genügen § 422 ZPO dagegen nicht: *Reichold*, in: Thomas/Putzo, ZPO, § 422 RdNr. 5.

außerdem etwaige vertragliche Pflichten zur Herausgabe oder Vorlegung von Urkunden und sonstigen Unterlagen durch den Gegner der beweisbelasteten Partei.

II. Vertragliche Herausgabe- oder Vorlegungspflicht

Eine Pflicht des beklagten Wirtschaftsprüfers zur Herausgabe seiner Arbeitspapiere an das Prozessgericht könnte sich zunächst aus einer Vereinbarung – z. B. in dem (Pflicht-) Prüfungsauftrag[39] oder in einem gesonderten Auftrag über die Ergänzung des gesetzlichen Prüfungsauftrags[40] – zwischen dem Wirtschaftsprüfer und seinem Auftraggeber ergeben.

1. Rechtsnatur des Prüfungsauftrags

Die Rechtsnatur des Prüfungsvertrags ist umstritten. Einigkeit besteht darüber, dass der Prüfungsauftrag als privatrechtlicher Vertrag zu qualifizieren ist.[41] Das gilt unbeschadet der (auch) gesellschaftsübergreifenden Funktion der handelsrechtlichen Pflichtprüfung des Jahresabschlusses durch unabhängige, sachverständige Wirtschaftsprüfer[42] auch für den Pflichtprüfungsauftrag.[43] Einig ist man sich außerdem darin, dass Gegenstand des Prüfungsauftrags eine **Geschäftsbesorgung** ist. Im Übrigen wird das zugrundeliegende rechtsgeschäftliche Schuldverhältnis teils als Werkvertrag (§§ 631 ff. BGB), teils als Dienstvertrag (§§ 611 ff. BGB) qualifiziert.[44] Die Rechtsprechung steht nach anfänglichem Schwanken heute auf dem Standpunkt, dass es sich bei dem (Pflicht-)Prüfungsvertrag

---

[39] § 318 Abs. 1 Satz 4 HGB.
[40] Zur Unterscheidung zwischen *Ergänzungen* des Prüfungsauftrags (d. h. Vereinbarungen über zusätzliche Prüfungsinhalte, die über den Rahmen des gesetzlichen Prüfungsauftrags hinausgehen – z. B. die Durchführung einer Geschäftsführungsprüfung, die Aufdeckung und Aufklärung strafrechtlicher Tatbestände wie Untreuehandlungen, Unterschlagungen oder Betrug oder die Feststellung außerhalb der Rechnungslegung begangener Ordnungswidrigkeiten) und *Erweiterungen* des Prüfungsauftrags (d. h. Festlegungen von Einzelheiten über die Art und Weise der tatsächlichen, rechtlichen und sonstigen Ermittlungen, die der Prüfer im Rahmen der gesetzlichen Abschlussprüfung durchzuführen hat) siehe MünchKommHGB-*Ebke*, § 323 RdNr. 14.
[41] Siehe MünchKommHGB-*Ebke*, § 318 RdNr. 19 m. w. Nachw.
[42] Zu Einzelheiten der Funktion der Pflichtprüfung siehe MünchKommHGB-*Ebke*, § 316 RdNr. 24 sowie unten S. 39–42.
[43] *Ebke*, Wirtschaftsprüfer und Dritthaftung, S. 12 Fn. 7.
[44] Vgl. statt vieler MünchKommHGB-*Ebke*, § 318 RdNr. 19; *Zimmer*, in: Großkomm. Bilanzrecht, § 318 RdNr. 28; *Wiedmann*, in: Ebenroth/Boujong/Joost, HGB, § 318 RdNr. 11; *Henssler/Dedek*, WPK-Mitt. 2002, 278, 279.

um einen **Werkvertrag** handelt.[45] Die Unterscheidung darf für Pflichtprüfungsfälle allerdings nicht überbetont werden; der Inhalt des Pflichtprüfungsauftrags ist nämlich im Wesentlichen gesetzlich vorgegeben (§§ 316 ff. HGB). Wo Unterschiede zum Tragen kommen könnten (wie z. B. bei der Verjährung, der Zuziehung von Hilfspersonen oder der Kündigung) greifen §§ 316 ff. HGB als **leges speciales** ein.[46] Besonderheiten gelten auch für die Vergütung des Wirtschaftsprüfers (vgl. § 55 a WPO).[47]

Die Vertragsbeziehungen zwischen einem Wirtschaftsprüfer und seinem Auftraggeber in anderen als Pflichtprüfungsfällen (vgl. § 2 WPO) richten sich nach dem Inhalt der vertraglich bedungenen Leistungen. Bei der Mehrzahl der Aufträge über die Durchführung einer freiwilligen Abschlussprüfung dürfte es sich ebenfalls um einen Werkvertrag handeln, der regelmäßig eine Geschäftsbesorgung zum Gegenstand haben wird (§§ 631 ff., 675 Abs. 1 BGB).[48]

2. Hauptleistungspflichten

Qualifiziert man den Prüfungsauftrag als Werkvertrag, der eine Geschäftsbesorgung zum Gegenstand hat (§§ 631 ff., 675 Abs. 1 BGB), gehört die Herausgabe der Arbeitspapiere typischerweise *nicht* zu den Hauptleistungspflichten des Vertrags. Die Hauptleistungspflichten sind die für den Vertrag **charakteristischen Leistungspflichten**. In handelsrechtlichen Pflichtprüfungsfällen ergeben sich die prüfungsvertraglichen Hauptleistungspflichten des Wirtschaftsprüfers in erster Linie aus den §§ 316 ff. HGB sowie aus den ergänzenden Bestimmungen des Berufsrechts (§§ 43–56 WPO). In Fällen einer Erweiterung des Pflichtprüfungsauftrags durch Vereinbarung zusätzlicher Prüfungsinhalte, die über den Rahmen des gesetzlichen Prüfungsauftrags hinausgehen[49], und bei sonstigen freiwilligen Abschlussprüfungen (vgl. § 2 WPO), bei denen ein Bestätigungsvermerk erteilt werden soll, der dem gesetzlichen Bestätigungsvermerk in § 322 HGB nachgebildet ist, ergeben sich die Hauptleistungspflichten des Wirtschaftsprüfers aus dem „Inhalt" der Vereinbarungen der Parteien und – ergänzend – aus den §§ 43–56 WPO sowie ggfs. aus einer analogen Anwendung der Vorschriften über die handelsrechtliche Pflichtprüfung (§§ 316 ff. HGB).

---

[45] BGH, Urt. vom 1. 2. 2000, NJW 2000, 1107, 1107 (l. Sp.); vgl. auch schon BGH, Urt. vom 28. 10. 1993, BGHZ 124, 27, 30.
[46] *Ebke*, Wirtschaftsprüfer und Dritthaftung, S. 12 Fn. 7.
[47] MünchKommHGB-*Ebke*, § 318 RdNr. 26; *Zimmer*, in: Großkomm. Bilanzrecht, § 318 RdNr. 32–33.
[48] Siehe zuletzt BGH, Urt. vom 7. 3. 2002, WPK-Mitt. 2002, 271, 273 („Buchhaltungsarbeiten").
[49] Siehe oben Fn. 40.

Der **(Pflicht-)Prüfungsauftrag** begründet für den Wirtschaftsprüfer die Hauptpflicht, die ihm übertragene Abschlussprüfung gewissenhaft, unparteiisch, sorgfältig, unabhängig, verschwiegen und eigenverantwortlich durchzuführen,[50] über Gegenstand, Art und Umfang sowie über das Ergebnis der Prüfung in einem Prüfungsbericht schriftlich und in der gebotenen Klarheit zu berichten,[51] etwaige besondere Beurteilungen (z. B. nach § 317 Abs. 4 HGB) abzugeben[52] und das Ergebnis der Prüfung in einem Bestätigungsvermerk zusammenzufassen.[53] Hiermit korrespondiert ein Anspruch des Auftraggebers gegen den Wirtschaftsprüfer auf Durchführung der Prüfung, schriftliche Berichterstattung in einem Prüfungsbericht (§ 321 HGB) und Zusammenfassung der Prüfungsergebnisse in einem Bestätigungsvermerk (§ 322 HGB).

Die behauptete Pflicht zur Vorlegung der Arbeitspapiere des beklagten Wirtschaftsprüfers ist keine vertragliche Hauptleistungspflicht des Wirtschaftsprüfers, sofern die Parteien des Prüfungsvertrags die Pflicht zur Herausgabe der Arbeitspapiere (an den Auftraggeber bzw. Dritte) nicht ausnahmsweise (ausdrücklich oder konkludent) zu einer solchen (nicht synallagmatischen, sekundären) Hauptleistungspflicht erhoben haben.

a) **Ausdrückliche Vereinbarung**

In der Praxis wird eine Pflicht des Wirtschaftsprüfers zur Herausgabe der Arbeitspapiere des Wirtschaftsprüfers typischerweise **nicht ausdrücklich** vereinbart. Im Gegenteil: Ziffer 15 Abs. 2 der **Allgemeinen Auftragsbedingungen für Wirtschaftsprüfer und Wirtschaftsprüfungsgesellschaften (AAB)** vom 1. 1. 2002 sieht – entsprechend § 667 BGB – ausdrücklich vor, dass der Wirtschaftsprüfer „[n]ach Befriedigung seiner Ansprüche aus dem Auftrag ... auf Verlangen des Auftraggebers alle Unterlagen herauszugeben [hat], die er aus Anlaß seiner Tätigkeit für den Auftrag von diesem oder für diesen erhalten hat". Seine Arbeitspapiere hat der Wirtschaftsprüfer aber weder „aus Anlass seiner Tätigkeit von dem Auftraggeber für den Auftrag" noch „für diesen" erhalten: Arbeitspapiere sind vielmehr „zu internen Zwecken" von dem Wirtschaftsprüfer selbst gefertigt (§ 51 b Abs. 4 WPO);[54] sie dienen also dem Wirtschaftsprüfer, nicht

---

50 Vgl. §§ 323 Abs. 1 Satz 1, 317 Abs. 1 Satz 3, 320 Abs. 2 Satz 1 und 3 HGB; §§ 43 Abs. 1, 44, 49 WPO.
51 Vgl. § 321 Abs. 1 Satz 1 und Abs. 3 HGB.
52 Vgl. § 321 Abs. 4 HGB.
53 Vgl. § 322 Abs. 1 Satz 1 HGB. Zur Nachtragsprüfung siehe § 316 Abs. 3 HGB und MünchKommHGB-*Ebke*, § 316 RdNr. 15–21; BeckBilKomm-*Förschle/Küster*, § 316 RdNr. 42–50.
54 Vgl. § 66 Abs. 2 Satz 2 StBerG; siehe dazu etwa *Kuhls/Meurers/Maxl/Schäfer/Goez*, Steuerberatungsgesetz, § 66 RdNr. 4.

dem Interesse des Auftraggebers.[55] Die Arbeitspapiere sind daher nach deutschem Berufsrecht nicht zur Weitergabe bestimmt, und zwar weder an den Mandanten noch an Dritte.[56] Der Gesetzgeber hat die Tatsache, dass berufsrechtlich Arbeitspapiere internen Zwecken des Wirtschaftsprüfers selbst und nicht dem Informationsinteresse des Auftraggebers bzw. geschädigter Dritter dienen, in § 51 b Abs. 4 WPO, einem Gesetz im formellen und materiellen Sinne, ausdrücklich verankert.[57]

aa) Berufsrechtliche Wertungen

Dass die Arbeitspapiere nur internen Zwecken des Wirtschaftsprüfers zu dienen bestimmt sind, kommt darüber hinaus deutlich zum Ausdruck in der (auf der Satzungsermächtigung in § 60 WPO beruhenden) **Satzung der Wirtschaftsprüferkammer** über die Rechte und Pflichten bei der Ausübung der Berufe des Wirtschaftsprüfers und des vereidigten Buchprüfers (BS WP/vBP) vom 11. 3. 2002: Wird ein Prüfungsauftrag bei einer gesetzlich vorgeschriebenen Abschlussprüfung[58] durch Kündigung des Abschlussprüfers gemäß § 318 Abs. 6 HGB beendet, so hat der Abschlussprüfer seinem Mandatsnachfolger „auf Verlangen" lediglich die schriftliche Kündigung (§ 318 Abs. 6 Satz 3 HGB) sowie den Bericht über das Ergebnis der bisherigen Prüfung (§ 318 Abs. 6 Satz 4 HGB) vorzulegen (§ 26 Abs. 3 Satz 1 BS WP/vBP). Die „zu internen Zwecken gefertigten Arbeitspapiere" des Wirtschaftsprüfers (§ 51 b Abs. 4 WPO) gehören danach nicht zu den vom Vorprüfer herauszugebenden Unterlagen.

Aus Abschnitt A der VO 1/1995: *Zur Qualitätssicherung in der Wirtschaftsprüferpraxis*[59] ergibt sich ebenfalls, dass die Einhaltung der

---

55 Zu den Zwecken, die die Arbeitspapiere erfüllen sollen, siehe oben S. 2–4 sowie unten S. 23.
56 Vgl. auch IDW PS 460.1. Die bevorstehende 5. WPO-Novelle lässt nach dem derzeitigen (3. 12. 2002) Stand der Dinge § 51 b WPO unverändert.
57 § 62 Satz 2 WPO, wonach der Wirtschaftsprüfer Organen der Wirtschaftsprüferkammer oder einem beauftragten Mitglied eines solchen Organs „auf Verlangen" seine Handakten (vgl. oben Fn. 18) vorzulegen hat, steht der Wertung des § 51 b Abs. 4 WPO nicht entgegen, da die Vorlegungspflicht gemäß § 62 Satz 2 WPO nur in Aufsichts- und Beschwerdesachen vor der Wirtschaftsprüferkammer besteht, also das öffentlichrechtliche Verhältnis zwischen dem Wirtschaftsprüfer und der Wirtschaftsprüferkammer, nicht hingegen das zivilrechtliche Verhältnis zwischen dem Wirtschaftsprüfer und seinem Auftraggeber bzw. einem geschädigten Dritten betrifft. Siehe dazu auch noch unten S. 44–46.
58 § 26 BS WP/vBP gilt nicht nur für Pflichtprüfungen, sondern sinngemäß auch für freiwillige Abschlussprüfungen, bei denen ein Bestätigungsvermerk erteilt werden soll, der dem gesetzlichen Bestätigungsvermerk in § 322 HGB nachgebildet ist (§ 26 Abs. 4 BS WP/vBP).
59 Abgedruckt in WPg 1995, 824.

Grundsätze und Maßnahmen der **Qualitätssicherung** bei der Organisation der beruflichen Tätigkeiten und bei der Abwicklung einzelner Prüfungsaufträge durch die Mitarbeiter des Wirtschaftsprüfers nur für interne Zwecke des Wirtschaftsprüfers zu dokumentieren ist. Dort heißt es: „Die Mitarbeiter sind über die Grundsätze und Maßnahmen der Qualitätssicherung bei der Organisation der beruflichen Tätigkeiten und bei der Abwicklung einzelner Prüfungsaufträge zu informieren; die Einhaltung dieser Grundsätze und Maßnahmen durch die Mitarbeiter ist sicherzustellen, zu überwachen und zu dokumentieren".[60] Dass Arbeitspapiere internen Zwecken dienen und nicht zur Weitergabe an den Auftraggeber oder Dritte bestimmt sind, ergibt sich nicht zuletzt aus den Prüfungsstandards des Instituts der Wirtschaftsprüfer in Deutschland.[61]

Der Gesetzgeber führt die Wertungen des Berufsrechts und der Berufspraxis im Zivilrecht fort: Gemäß § 51b Abs. 4 WPO sind die Arbeitspapiere des Wirtschaftsprüfers (ebenso wie die Arbeitspapiere des Steuerberaters, § 66 Abs. 2 Satz 2 StBerG), die nach national[62] wie international[63] unbestrittener Ansicht **Eigentum des Wirtschaftsprüfers** sind, von der zivilrechtlichen Pflicht zur Herausgabe der Handakten[64] ausdrücklich ausgenommen.[65] Da das Informationsinteresse des Auftraggebers bei Beendigung der in Auftrag gegebenen Abschlussprüfung nicht geringer ist als zu einem späteren Zeitpunkt (z. B. im Haftpflichtprozess), gibt der Gesetzgeber mit der ausdrücklichen Herausnahme der Arbeitspapiere aus dem Kreis der Teile der Handakten, die dem Auftraggeber nach Erfüllung des

---

60 VO 1/1995, A letzter Absatz.
61 Vgl. IDW PS 460.1.
62 *Adler/Düring/Schmaltz*, § 318 RdNr. 251; *Niemann*, in: BeckStbHb, S. 636; *Leffson*, Wirtschaftsprüfung, S. 295–296; IDW PS 460.24.
63 ISA 230: *Documentation*, Abschnitt 14 („Working papers are the property of the auditor"); AICPA Professional Standards AT § 100.73 (Abschlussprüfungen) und § 600.30 (Agreed-Upon Procedures Engagements) („Working papers are the property of the practitioner..."); *Defliese/Johnson/MacLeod*, Montgomery's Auditing, S. 188.
64 Eine Verpflichtung zur Herausgabe der Handakten (im engeren Sinne) an den Auftraggeber des Wirtschaftsprüfers wird in § 51b WPO zwar nicht normiert; eine solche Verpflichtung wird aber von § 51b Abs. 3 WPO vorausgesetzt und ergibt sich im Übrigen aus dem Zusammenhang der verschiedenen Absätze des § 51b WPO (Aufbewahrungspflicht gemäß § 51b Abs. 2 Satz 1 WPO – Aufforderung zur Empfangnahme nach § 51b Abs. 2 Satz 2 WPO – Verweigerung der Herausgabe gemäß § 51b Abs. 3 WPO). Vgl. für § 66 StBerG *Kuhls/Meurers/Maxl/Schäfer/Goez*, Steuerberatungsgesetz, § 66 RdNr. 19.
65 Vgl. *Adler/Düring/Schmaltz*, § 318 RdNr. 251; *Institut der Wirtschaftsprüfer* (Hrsg.), Abschlussprüfung nach International Standards on Auditing (ISA), S. 90 Fn. 1.

Auftrags herauszugeben sind („**Mandantenunterlagen**"[66]), zu verstehen, dass Arbeitspapiere auch zu einem späteren Zeitpunkt (z. B. im Haftpflichtprozess) nicht zur Weitergabe an den Auftraggeber und schon gar nicht an Dritte bestimmt sind.

bb) Folgen

Angesichts der in der WPO ausdrücklich niedergelegten internen Zweckbestimmung der Arbeitspapiere erklärt sich, warum in (Pflicht-)Prüfungsaufträgen eine Pflicht des Wirtschaftsprüfers zur Herausgabe der Arbeitspapiere an den Auftraggeber (oder gar an einen Dritten) typischerweise nicht vereinbart wird. Selbst wenn – wie etwa bei einer Ergänzung des Prüfungsauftrags durch zusätzliche Prüfungsinhalte, die über den Rahmen des gesetzlichen Prüfungsauftrags hinausgehen[67] – die AAB dem weiteren (selbständigen) Prüfungsauftrag nicht beigefügt worden sein sollten oder wenn der Prüfungsauftrag bzw. die Ergänzung des Prüfungsauftrags (ausnahmsweise[68]) nicht schriftlich vereinbart worden sein sollte, bedarf es einer **nach außen zum Ausdruck kommenden besonderen Parteiabrede** über die Verpflichtung des Wirtschaftsprüfers zur Herausgabe der Arbeitspapiere an den Auftraggeber bzw. einen Dritten allgemein oder für bestimmte Zwecke (z. B. für einen Haftpflichtprozess), weil weder nach allgemeinem **Auftragsrecht** (§ 667 BGB)[69] noch nach **Berufsrecht** (vgl. § 51 b Abs. 3 und 4 WPO) eine materiellrechtliche Pflicht des Wirtschaftsprüfers zur Herausgabe oder Vorlegung seiner Arbeitspapiere an den Auftraggeber (geschweige denn an einen Dritten) besteht – und zwar weder nach erfolgter Durchführung des Prüfungsauftrags noch zu einem späteren Zeitpunkt (z. B. in einem Haftpflichtprozess). Mangels einer ausdrücklichen, nach außen manifestierten Parteivereinbarung gehört die Herausgabe oder Vorlegung der zu internen Zwecken gefertigten Arbeitspapiere daher *nicht* zu den (sekundären) Hauptleistungspflichten des Wirtschaftsprüfers aus dem Prüfungsauftrag.

b) Vereinbarung durch schlüssiges oder konkludentes Verhalten

Es ist auch nicht anzunehmen, dass sich der Wirtschaftsprüfer und sein Auftraggeber durch schlüssiges oder konkludentes Verhalten auf eine Pflicht zur Herausgabe oder Vorlegung der Arbeitspapiere – etwa für den Fall eines Haftpflichtprozesses – geeinigt haben. Natürlich kann sich der

---

66 *Gräfe/Lenzen/Schmeer*, Steuerberaterhaftung, S. 58; *Kuhls/Meurers/Maxl/Schäfer/Goez*, Steuerberatungsgesetz, § 57 RdNr. 164–166.
67 Zur Unterscheidung zwischen Ergänzungen des Prüfungsauftrags und Erweiterungen des Prüfungsauftrags siehe oben Fn. 40.
68 Siehe unten Fn. 200.
69 Siehe dazu noch unten S. 47–48.

Geschäftswille der Parteien eines Vertrags auch durch schlüssiges oder konkludentes Verhalten äußern; derartige Erklärungen entsprechen in ihren Tatbestandswirkungen den ausdrücklichen Willenserklärungen.[70] Die konkludente Erklärung ist eine Willensäußerung, die, ohne unmittelbar dem Kundmachungszweck zu dienen, auf die Verwirklichung des Willens gerichtet ist; das Verhalten ist nicht Erklärungsmittel, sondern nur Anzeichen des Willens. Für ein entsprechendes Verhalten wird es in Prüfungsfällen wie bei anderen beruflichen Tätigkeiten des Wirtschaftsprüfers (§ 2 WPO) aber **regelmäßig keine Anhaltspunkte** geben (Tatfrage). Die Anforderungen an das notwendige schlüssige oder konkludente Verhalten sind in jedem Fall hoch anzusetzen, da – wie gesehen – die Arbeitspapiere des Abschlussprüfers nicht unter § 667 BGB fallen und sie auch nach Berufsrecht nicht herauszugeben sind (vgl. § 51 b Abs. 3 und 4 WPO). Die Berufsangehörigen gehen ebenfalls davon aus, dass Arbeitspapiere nicht zur Weitergabe an den Auftraggeber bzw. Dritte bestimmt sind.[71] Daher lässt sich auch aus der Berufsübung der Wirtschaftsprüfer kein Anhaltspunkt für einen diesbezüglichen Willen des Wirtschaftsprüfers ableiten.

3. Nebenpflichten

Fraglich ist, ob sich eine materiellrechtliche Pflicht des beklagten Wirtschaftsprüfers zur Vorlegung seiner Arbeitspapiere aus einer vertraglichen Nebenpflicht ableiten lässt (§ 422 ZPO). Zu den Pflichten aus einem (rechtsgeschäftlichen) Schuldverhältnis zählt das BGB seit Inkrafttreten des Gesetzes zur Modernisierung des Schuldrechts (SchRG) vom 26. 11. 2001[72] neben den Leistungspflichten (§ 241 Abs. 1 BGB) auch die seit langem anerkannten „Nebenpflichten" (§ 241 Abs. 2 BGB). Die **Nebenpflichten (objektiven Sorgfaltspflichten)** entstehen regelmäßig aus bestehenden Verträgen, aber auch aus dem vorvertraglichen Schuldverhältnis (§ 311 Abs. 2 BGB), und reichen über den deliktischen Rechtsgüterschutz hinaus; denn über § 823 Abs. 1 BGB hinaus werden in § 241 Abs. 2 BGB nicht nur die Rechte und Rechtsgüter des Gläubigers geschützt, sondern auch „Interessen" jeder Art, insbesondere das Vermögen[73] oder sogar die Entschlie-

---

70 Siehe nur *H. Hübner*, Allg. Teil, S. 302.
71 Vgl. IDW PS 460.1 („Da [Arbeitspapiere] internen Zwecken des Abschlussprüfers dienen, sind sie nicht zur Weitergabe bestimmt"), IDW PS 460.22 („Aus § 51 b Abs. 4 WPO ergibt sich, dass die Arbeitspapiere ... nicht der gesetzlichen ... Herausgabepflicht ... unterliegen").
72 BGBl. I 3138. Zur intertemporalen Anwendbarkeit des SchRG siehe Art. 229 § 5 EGBGB.
73 Siehe *Krebs*, in: *Dauner-Lieb/Heidel/Lepa/Ring* (Hrsg.), Das Neue Schuldrecht, S. 135 („das reine Vermögen").

ßungsfreiheit.⁷⁴ Im Einzelnen ergeben sich die Nebenpflichten aus dem „Inhalt" des Schuldverhältnisses, ohne dass sie besonders vereinbart werden müssen.

In der Amtlichen Begründung des **Gesetzes zur Modernisierung des Schuldrechts** wird darauf hingewiesen, dass durch § 241 Abs. 2 BGB eine gesetzliche Regelung der „Schutzpflichten" beabsichtigt sei; diese Pflichten werden dahingehend beschrieben, dass sie bezwecken, die gegenwärtige Güterlage der am Schuldverhältnis Beteiligten vor Beeinträchtigungen zu bewahren.⁷⁵ Daraus ist zu entnehmen, dass der Gesetzgeber – wie nach bisherigem Recht – zwischen **„Schutzpflichten"** (z. B. Aufklärungs-, Obhuts- und Mitwirkungspflichten) und **„leistungssichernden Nebenpflichten"** (d. h. den die Hauptleistung vorbereitenden, unterstützenden, erhaltenden und sichernden Nebenpflichten) unterschieden wissen will und dass die „Schutzpflichten" und die „leistungssichernden Nebenpflichten" zusammen die „Verhaltenspflichten" bilden, die neben die Leistungspflichten aus dem Schuldverhältnis (§ 241 Abs. 1 BGB) treten.⁷⁶

Begriff und Existenz solcher Schutzpflichten haben zwar in § 241 Abs. 2 BGB eine **gesetzliche Anerkennung** gefunden;⁷⁷ damit sind aber keine neuen Schutzpflichten geschaffen worden, die es zuvor nicht gab.⁷⁸ Wie bisher müssen die Schutzpflichten eines konkreten Vertrags daher der Vereinbarung der Parteien, notfalls der ergänzenden Auslegung des Vertrags, dem dispositiven Recht⁷⁹ oder dem Grundsatz von Treu und Glauben (§ 242 BGB) entnommen werden. § 241 Abs. 2 BGB hat demnach im Wesentlichen nur deklaratorische Bedeutung. Welchen Inhalt und welchen Umfang die Schutzpflichten nach § 241 Abs. 2 BGB haben, lässt sich nur durch Rückgriff auf die Rechtsprechung klären.⁸⁰

---

74 Vgl. BT-Drucks. 14/6036, S. 126. Die Einbeziehung der Entschließungsfreiheit ist gerechtfertigt, soweit damit gesagt werden soll, dass dem Gläubiger Schadensersatzansprüche daraus entstehen können, dass er aufgrund von Fehlinformationen oder Nichtinformation einen Vertrag abgeschlossen oder nicht abgeschlossen hat, den er bei richtiger und vollständiger Information nicht oder anders abgeschlossen hätte. Vgl. *Ehmann/Sutschet*, Modernisiertes Schuldrecht, S. 70 Fn. 9; *Krebs*, in: Dauner-Lieb/Heidel/Lepa/Ring (Hrsg.), Schuldrecht, § 241 RdNr. 8.
75 BT-Drucks. 14/6036, S. 125.
76 Vgl. auch *Musielak*, Grundkurs BGB, S. 95.
77 *Krebs*, in: Dauner-Lieb/Heidel/Lepa/Ring (Hrsg.), Das Neue Schuldrecht, S. 137; *Däubler*, BGB kompakt, S. 170.
78 So treffend *Ehmann/Sutschet*, Modernisiertes Schuldrecht, S. 71; *Lorenz/Riehm*, Lehrbuch, S. 178.
79 Siehe dazu *Ehmann/Sutschet*, Modernisiertes Schuldrecht, S. 75–79.
80 *Krebs*, in: Dauner-Lieb/Heidel/Lepa/Ring (Hrsg.), Das Neue Schuldrecht, S. 137; *Däubler*, BGB kompakt, S. 170.

a) Leistungssichernde Nebenpflichten

Eine Vorlegung der Arbeitspapiere nach § 422 ZPO lässt sich *nicht* auf die materiellrechtliche Pflichtenkategorie der „leistungssichernden Nebenpflichten" stützen. Zu den die Hauptleistung des Wirtschaftsprüfers aus dem Prüfungsauftrag vorbereitenden, unterstützenden, erhaltenden und sichernden Nebenpflichten gehören herkömmlicherweise solche Pflichten, deren Einhaltung erforderlich ist, damit der Vertragszweck erreicht werden kann und nicht nachträglich gefährdet oder beeinträchtigt wird.[81] Bei Verträgen wie Prüfungsaufträgen, bei denen es im besonderen Maße auf eine gedeihliche, vertrauensvolle und von beiderseitiger Offenheit geprägte Zusammenarbeit der Vertragsparteien ankommt (vgl. §§ 318, 320, 324 HGB), sind die Vertragsparteien zu einer **besonderen Rücksichtnahme auf schutzwürdige Belange** in ihren Beziehungen verpflichtet, die der (auch) gesellschaftsübergreifenden Bedeutung der Abschlussprüfung Rechnung trägt.[82]

Hierzu zählt beispielsweise die Pflicht des Abschlussprüfers, keinen relativen[83] oder absoluten[84] Ausschlussgrund bewusst herbeizuführen.[85] Der Prüfer muss darüber hinaus alles unterlassen, was bei ihm zum Wegfall der nach § 319 Abs. 1 HGB erforderlichen beruflichen Qualifikation führen kann, weil der Wegfall der beruflichen Qualifikation zur Nichtigkeit des Prüfungauftrags **ex nunc** führt.[86] Zu den leistungssichernden Nebenpflichten des Wirtschaftsprüfers gehört ferner die Pflicht, Mängel in seiner sachlichen bzw. personellen Ausstattung zu beheben, weil derartige Mängel zur Ersetzung des Prüfers führen können (§ 318 Abs. 3 Satz 1 HGB).[87]

---

81 Siehe nur *Musielak*, Grundkurs BGB, S. 94; *Kropholler*, Studienkommentar, Vor § 241 RdNr. 3.
82 Zur gesellschaftsübergreifenden („öffentlichen") Funktion der Abschlussprüfung siehe unten S. 39–41.
83 Vgl. § 318 Abs. 3 Satz 1 HGB („Besorgnis der Befangenheit").
84 Beispielsweise durch Erwerb von Anteilen der zu prüfenden Gesellschaft oder Mitwirkung an der Aufstellung des zu prüfenden Jahresabschlusses (§ 319 Abs. 2 und 3 HGB).
85 Zur Sanktionierung eines solchen Verhaltens siehe MünchKommHGB-*Ebke*, § 318 RdNr. 77 und 86. Zum Verhältnis von § 318 Abs. 3 Satz 1 HGB zu § 319 Abs. 2 und 3 HGB siehe einerseits BGH, Urt. vom 25. 11. 2002, BB 2003, 462, 465–466 und OLG Frankfurt a.M., Urt. vom 30. 1. 2002, WPK-Mitt. 2002, 265, 266 (n.rkr.); andererseits LG Köln, Urt. vom 1. 4. 1997, WM 1997, 920. Zum Ganzen *Ebke/Jurisch*, AG 2000, 208.
86 MünchKommHGB-*Ebke*, § 318 RdNr. 79.
87 Vgl. MünchKommHGB-*Ebke*, § 318 RdNr. 42; *Zimmer*, in: Großkomm. Bilanzrecht, § 318 RdNr. 60.

b) Schutzpflichten

Fraglich ist, ob sich aus dem prüfungsvertraglichen Schuldverhältnis zwischen dem Wirtschaftsprüfer und seinem Auftraggeber die **Nebenpflicht (Schutzpflicht)** (§ 241 Abs. 2 BGB) ergibt, dem Auftraggeber die zu internen Zwecken gefertigten Arbeitspapiere herauszugeben. Es ist anerkannt, dass die schuldrechtlichen Verhaltenspflichten im Allgemeinen und die Schutzpflichten im Besonderen auch **nach** Erfüllung der Hauptleistungspflichten und damit *nach* Erlöschen des Schuldverhältnisses im engeren Sinne (§ 362 Abs. 1 BGB) bestehen bleiben können. Die Tatsache, dass der Prüfungsauftrag bereits abgeschlossen ist und die rechtsgeschäftliche Beziehung zwischen dem Wirtschaftsprüfer und seinem Auftraggeber damit erloschen ist, steht der Annahme einer Schutzpflicht mithin nicht entgegen.

aa) Aufklärungs-, Obhuts- und Mitwirkungspflichten

Vor Inkrafttreten des Gesetzes zur Modernisierung des Schuldrechts am 1. 1. 2002 hat die Rechtsprechung Schutzpflichten im Wesentlichen aus § 242 BGB („Treu und Glauben") abgeleitet. Nach dem Inhalt der jeweiligen Pflicht lassen sich herkömmlicherweise **Auskunfts-, Obhuts- und Mitwirkungspflichten** unterscheiden.

- Zu den Aufklärungspflichten des Wirtschaftsprüfers gehört es beispielsweise, eine zu erwartende Überschreitung eines erstellten Kostenvoranschlages unverzüglich (vgl. § 121 Abs. 1 Satz 1 BGB) anzuzeigen (vgl. § 650 BGB).
- Hierher zu zählen ist auch die nach § 321 Abs. 2 HGB a. F. bestehende, auf das BGH-Urteil vom 15. 12. 1954[88] zurückgehende allgemeine Rede- und Warnpflicht des Abschlussprüfers, die durch die Einführung der Pflicht nach § 321 Abs. 1 Satz 3 HGB unberührt bleiben sollte.[89]
- Zu den Aufklärungspflichten gehört umgekehrt die Pflicht der geprüften Gesellschaft, ihren Abschlussprüfer auf ihm unbekannte Gefahren bezüglich des Eintretens eines absoluten Ausschlussgrundes (§ 319 Abs. 2, 3 HGB) rechtzeitig hinzuweisen.[90]

---

[88] BGH, Urt. vom 15. 12. 1954, BGHZ 16, 17, 25. Der BGH hat die Rede- und Warnpflicht des Abschlussprüfers in dieser Entscheidung noch aus einer angeblichen „Organstellung" des Abschlussprüfers und den sich daraus ergebenden Treupflichten abgeleitet. Kritisch dazu MünchKommHGB-*Ebke*, § 316 RdNr. 27.
[89] Vgl. MünchKommHGB-*Ebke*, § 321 RdNr. 32; siehe auch *Baumbach/Hopt*, HGB, § 323 RdNr. 3–4.
[90] Zu Einzelheiten siehe MünchKommHGB-*Ebke*, § 318 RdNr. 74.

– Im vorvertraglichen Bereich (§ 311 Abs. 2 BGB) ist der Wirtschaftsprüfer verpflichtet, dem Verhandlungspartner die Ablehnung eines angetragenen Prüfungsauftrags unverzüglich zu erklären (§ 51 Satz 1 WPO).

– Da die Prüfung auf der Grundlage der „Bücher und Schriften" der prüfungspflichtigen Gesellschaft erfolgen soll (§ 320 Abs. 1 Satz 2 HGB),[91] erlangt die Obhutspflicht des Prüfers aus §§ 241 Abs. 2, 242 BGB besondere Bedeutung.[92]

– Zu den Mitwirkungspflichten des Abschlussprüfers kann man beispielsweise die Pflicht des Abschlussprüfers rechnen, die vom Gesetz eröffnete Möglichkeit, Vor- und Zwischenprüfungen durchzuführen, in geeigneten Fällen wahrzunehmen und in diesem Zusammenhang die Warenbestandsaufnahme (Inventur) zu beobachten.[93]

Aus dem genannten **Schutzpflichtenprogramm** lässt sich eine Vorlegungspflicht des Wirtschaftsprüfers im Sinne von § 422 ZPO offensichtlich *nicht* herleiten.

bb) Auskunftspflichten

Die strittige Pflicht zur Vorlegung der Arbeitspapiere des beklagten Wirtschaftsprüfers folgt auch nicht unmittelbar aus allgemeinen, im Wege einer ergänzenden Vertragsauslegung gewonnenen und mit dem Grundsatz von Treu und Glauben (§ 242 BGB) unterlegten Auskunftspflichten.

(a) Allgemeines Auskunftsrecht

Das BGB kennt **kein allgemeines Auskunftsrecht** und schon gar kein schrankenloses Recht einer Vertragspartei auf Einsichtnahme oder gar Herausgabe von Unterlagen, die sich im Besitz der anderen Vertragspartei befinden. Die Rechtsprechung hat allerdings vor dem Hintergrund gesetzlicher Einzelbestimmungen und gestützt auf § 242 BGB die allgemeine Regel statuiert, dass im Rahmen einer rechtsgeschäftlichen Beziehung zumindest eine **Auskunftspflicht** besteht, wenn eine Partei nicht nur über den Umfang, sondern auch über das Bestehen ihres Rechts im

---

91 Zu Einzelheiten siehe MünchKommHGB-*Ebke*, § 320 RdNr. 6–10.
92 Siehe in diesem Zusammenhang § 51b Abs. 2 Satz 1 WPO und Ziffer 15 Abs. 1 AAB vom 1.1.2002. Danach bewahrt der Wirtschaftsprüfer die im Zusammenhang mit der Erledigung eines Auftrags ihm übergebenen und die von ihm selbst angefertigten Unterlagen sowie den über den Auftrag geführten Schriftwechsel sieben Jahre auf. Vgl. § 257 Abs. 4 HGB und BeckBilKomm-*Förschle/Peter*, § 317 RdNr. 205.
93 Siehe dazu MünchKommHGB-*Ebke*, § 320 RdNr. 17.

Ungewissen ist, sie sich die zur Vorbereitung und Durchführung ihres Anspruchs notwendigen Auskünfte nicht auf zumutbare Weise selbst beschaffen kann und der Gegner sie unschwer, d. h. ohne unbillig belastet zu sein, zu geben vermag, soweit die Auskunft „zur Erreichung des Vertragszwecks unbedingt erforderlich ist."[94]

(b) Einsicht in Unterlagen

Die Voraussetzungen einer **Einsicht** in Unterlagen der anderen Partei im Rahmen einer „besonderen rechtlichen Beziehung" (z. B. rechtsgeschäftliches oder gesetzliches Schuldverhältnis)[95] sind weit enger gefasst; ein – wie der allgemeine Auskunftsanspruch letztlich aus § 242 BGB hergeleiteter – Anspruch auf **Einsichtnahme in Unterlagen** der anderen Partei besteht nur dann, wenn die Auskunft bei Abwägung der beiderseitigen Interessen zur Wahrung der berechtigten Interessen der Einsicht begehrenden Partei nicht ausreicht.[96] Solche Begrenzungen müssen schon deshalb gelten, will man sich nicht zu dem wichtigsten allgemeinen Vorlegungsanspruch gemäß § 810 BGB in Widerspruch setzen und damit die gesetzgeberischen Wertungen unterlaufen. Die in § 810 BGB geforderte Qualität der vorzulegenden Urkunden, das erforderliche rechtliche Interesse, der von den Gerichten formulierte Vorbehalt des Geheimhaltungsinteresses des Urkundeninhabers sowie der Gesichtspunkt der Zumutbarkeit der Herausgabe setzen der Vorlegungspflicht des Urkundeninhabers nach § 810 BGB sehr enge Grenzen.[97] Entsprechendes gilt für § 667 BGB, der trotz der Fremdnützigkeit des Auftrags die Herausgabepflicht des Beauftragten auf das begrenzt, was der Beauftragte zur Ausübung des Auftrags oder aus dem Auftrag erhalten hat.

Die eigentliche Sperre gegen die Annahme eines allgemeinen, aus § 242 BGB ableitbaren Anspruchs des Auftraggebers auf Einsichtnahme in die Arbeitspapiere des Wirtschaftsprüfers ist jedoch § 51 b Abs. 4 WPO. Diese Bestimmung zählt die Arbeitspapiere des Wirtschaftsprüfers zu denjenigen Unterlagen, welche dem Wirtschaftsprüfer dienen und nicht zur Herausgabe an den Auftraggeber bestimmt sind. Arbeitspapiere

---

94 Ständige Rechtsprechung, vgl. etwa BGH, Urt. vom 28. 10. 1953, BGHZ 10, 385, 387 (unter Hinweis auf RGZ 158, 377, 379); BGH, Urt. vom 4. 6. 1981, BGHZ 81, 21, 24; BGH, Urt. vom 5. 6. 1985, BGHZ 95, 274, 278–279 („Voraussetzung ist allerdings, daß zwischen dem Berechtigten und dem Verpflichteten eine besondere rechtliche Beziehung besteht, wobei ein gesetzliches Schuldverhältnis, z. B. aus unerlaubter Handlung, genügt ...").
95 Vgl. BGH, Urt. vom 5. 6. 1985, BGHZ 95, 274, 279.
96 Vgl. *Hohloch*, NJW 1982, 2577, 2583–2584 (für das Arztrecht).
97 Siehe dazu noch unten S. 49–52.

haben nach dem in § 51 b Abs. 4 WPO (ebenso wie § 66 Abs. 2 Satz 2 StBerG) zum Ausdruck kommenden Willen des Gesetzgebers ersichtlich **keine Rechenschaftsfunktion** im Verhältnis zu dem Auftraggeber des Wirtschaftsprüfers,[98] sondern den Zweck,

- den Prüfer bei der Planung und Durchführung der Abschlussprüfung zu unterstützen,
- den Prüfer bei der Überwachung der Prüfungstätigkeiten der (meist hierarchisch aufgebauten) Prüfungsteams zu unterstützen,
- die Prüfungsnachweise zur Stützung der Prüfungsaussagen im Prüfungsbericht (§ 321 HGB) und im Bestätigungsvermerk (§ 322 HGB) zu dokumentieren,
- dem Prüfer eine Grundlage für die Erstellung des Prüfungsberichts für das geprüfte Unternehmen zu geben,
- den Prüfer bei der Beantwortung von Rückfragen zur Prüfung zu unterstützen,
- den Prüfer bei der Vorbereitung von Folgeprüfungen zu unterstützen sowie
- dem Prüfer eine Grundlage für Maßnahmen zur Qualitätssicherung in der Wirtschaftsprüferpraxis gemäß VO 1/1995 zu geben.[99]

Die derartigen **internen Zwecken** des Wirtschaftsprüfers dienenden Arbeitspapiere unterliegen nach der speziellen berufsrechtlichen Bestimmung des § 51 b Abs. 3 und 4 WPO nicht der Herausgabepflicht. Mit anderen Worten: Arbeitspapiere sind nicht zur Weitergabe an den Auftraggeber (und schon gar nicht an Dritte) bestimmt. Sie haben keine Rechenschaftsfunktion und sind daher gegen den Willen des Wirtschaftsprüfers weder von dem Auftraggeber einsehbar, noch sind sie dem Auftraggeber vorzulegen (ebenso § 667 BGB). Es soll dem Abschlussprüfer frei stehen zu entscheiden, ob er dem Auftraggeber Teile oder Auszüge aus den Arbeitspapieren zur Verfügung stellen will oder nicht.[100]

---

[98] Zur Pflicht des Wirtschaftsprüfers, in Aufsichts- und Beschwerdesachen vor der Wirtschaftsprüferkammer seine Handakten an ein Organ der Wirtschaftsprüferkammer bzw. ein beauftragtes Organmitglied vorzulegen, siehe § 62 Satz 2 WPO sowie unten S. 44 f.
[99] Vgl. IDW PS 460.7 und *Marten/Quick/Ruhnke*, Wirtschaftsprüfung, S. 325. Siehe auch oben S. 14–15.
[100] Vgl. IDW PS 460.23 („Ermessen"). Siehe dazu auch noch unten S. 34–35.

(c) Normenkonkurrenz

Vor dem Hintergrund der gesetzlichen Bestimmungen, insbesondere des § 51 b Abs. 4 WPO, kann sich der Auftraggeber des Wirtschaftsprüfers nicht auf § 242 BGB berufen. So wie **§ 51 b Abs. 4 WPO als lex specialis** den Rückgriff auf gesetzlich normierte Herausgabe- oder Vorlegungsansprüche nach allgemeinem bürgerlichen Recht (vgl. § 422 ZPO) verbietet,[101] so verbietet sich wegen § 51 b Abs. 4 WPO die Konstruktion einer allgemeinen, aus § 242 BGB abgeleiteten rechtsgeschäftlichen Schutzpflicht (Nebenpflicht) des Wirtschaftsprüfers, dem beweisbelasteten Gegner im Haftpflichtprozess seine Arbeitspapiere vorzulegen und ihm darin Einsichtnahme zu gestatten, obwohl die Arbeitspapiere nach dem im Gesetz eindeutig zum Ausdruck kommenden Willen des Gesetzgebers allein internen Zwecken des Wirtschaftsprüfers dienen (§ 51 b Abs. 4 WPO) und nicht Interessen des Auftraggebers des Prüfers schützen sollen. § 51 b Abs. 4 WPO als *lex specialis* verdrängt daher im Sinne einer **normenverdrängenden Konkurrenz**[102] die allgemeinen Regeln des bürgerlichen Rechts, zu denen in diesem Zusammenhang auch § 242 BGB gehört.

Wollte man – wenn auch nur in begrenzten Ausnahmefällen (z. B. in einem Haftpflichtprozess) – die **Ableitung** einer vertraglichen Nebenpflicht des Wirtschaftsprüfers zur Vorlegung seiner Arbeitspapiere aus dem allgemeinen Grundsatz von Treu und Glauben nach § 242 BGB bejahen, würde der Zweck der besonderen Regel in § 51 b Abs. 4 WPO in diesen Fällen vereitelt. Die (jüngere) spezielle Regel des § 51 b Abs. 4 WPO ist bezüglich der Arbeitspapiere des Wirtschaftsprüfers als abschließende Regelung gedacht; sie verdrängt daher die (ältere) allgemeine Regel des § 242 BGB. Andernfalls liefe § 51 b Abs. 4 WPO im Haftpflichtprozess des Auftraggebers gegen den Wirtschaftsprüfer leer, ohne dass es in der WPO irgendeinen Anhaltspunkt gäbe, dass der Gesetzgeber ein solches Ergebnis gewollt hat.

cc) Berufsrechtliche Dokumentationspflichten

Aus der berufsrechtlichen Dokumentationspflicht des Wirtschaftsprüfers ergibt sich nichts anderes: Zu den berufsrechtlichen Pflichten des Wirtschaftsprüfers im Rahmen eines Prüfungsauftrags gehört – auch bei Ge-

---

101 Siehe dazu auch unten S. 47.
102 Zu den Problemen im Zusammenhang mit dem Zusammentreffen (Konkurrenz) mehrerer Rechtssätze oder Regelungen siehe allgemein *Larenz/Canaris*, Methodenlehre, S. 88–89; *Zippelius*, Juristische Methodenlehre, S. 36–41.

meinschaftsprüfungen[103] – die **Dokumentation** der Prüfung.[104] Die berufsrechtliche Dokumentationspflicht folgt aus § 51 b Abs. 1 WPO sowie – unterhalb der Schwelle rechtlich verbindlicher Normen – aus den Grundsätzen ordnungsmäßiger Abschlussprüfung (GoA) – und zwar national[105] wie international.[106] Dokumentation bedeutet **Aufzeichnung der beruflichen Tätigkeiten**, die der Wirtschaftsprüfer kraft Rechtsgeschäfts erbringt. Das besagt freilich nicht, dass jede berufsrechtlich vorgegebene Dokumentation Vertragsgegenstand ist, der automatisch im Interesse beider Vertragsparteien entsteht. Anders als beispielsweise im Arztrecht[107] und im Anwaltsrecht[108] ist bei der berufsrechtlichen Dokumentation der beruflichen Tätigkeiten eines Wirtschaftsprüfers (ebenso wie bei Steuerberatern, § 66 Abs. 2 Satz 2 StBerG) **zwischen den internen und den externen Zwecken der Dokumentation zu unterscheiden**: Nach § 51 b Abs. 1 WPO muss der Wirtschaftsprüfer Handakten im weiteren Sinne (zu denen auch die Arbeitspapiere des Abschlussprüfers gehören) anlegen, um „ein zutreffendes Bild über die von ihm entfaltete Tätigkeit geben" zu können. Externen Zwecken dienen indes nur die Handakten im engeren Sinne („Mandantenunterlagen"), also „nur die Schriftstücke, die der Wirtschaftsprüfer aus Anlaß seiner beruflichen Tätigkeit von dem Auftraggeber oder für ihn erhalten hat", *nicht aber* der Briefwechsel zwischen dem Wirtschaftsprüfer und seinem Auftraggeber, die Schriftstücke, die dieser bereits in Urschrift oder Abschrift erhalten hat, sowie *die zu internen Zwecken gefertigten Arbeitspapiere* (§ 51 b Abs. 4 WPO; vgl. § 66 Abs. 2 StBerG).

(a) **Externe Dokumentationszwecke**

Mit dem externen Dokumentationszweck der Handakten im engeren Sinne korrespondiert ein Herausgabeanspruch des Auftraggebers.[109] Die-

---

103 IDW PS 208.20.
104 MünchKommHGB-*Ebke*, § 318 RdNr. 61–63; *Leffson*, Wirtschaftsprüfung, S. 289–290; *Niemann*, in: BeckStbHb, S. 634; *Egner*, Betriebswirtschaftliche Prüfungslehre, S. 195.
105 Siehe IDW PS 240.28 – 240.32; WP-Handbuch 2000, Bd. I, S. 1849.
106 Siehe ISA 230: *Documentation*, Introduction Abschnitt 2 („The auditor should document matters which are important in providing evidence to support the audit opinion and evidence that the audit was carried out in accordance with International Standards on Auditing"), abgedruckt in: *Institut der Wirtschaftsprüfer* (Hrsg.), Abschlußprüfung, S. 87 ff.
107 Siehe dazu *Hohloch*, NJW 1982, 2577.
108 § 50 BRAO; Einzelheiten dazu in *Henssler/Prütting*, BRAO, § 50 RdNr. 4 und 20–21; *Jessnitzer/Blumberg*, BRAO, § 50 RdNr. 13; *Feuerich/Braun*, BRAO, § 50 RdNr. 6–7; siehe aber auch BGH, Urt. vom 30. 11. 1989, BGHZ 109, 260, 263–266.
109 Siehe oben bei Fn. 66.

ser Anspruch ist Ausdruck der Tatsache, dass die Schriftstücke, die der Wirtschaftsprüfer aus Anlass seiner beruflichen Tätigkeit von dem Auftraggeber oder für ihn erhalten hat (§ 51 b Abs. 4 WPO: „Handakten im engeren Sinne") den Interessen des Auftraggebers dienen, also **Mandantenunterlagen**" sind. Arbeitspapiere dienen nach der gesetzlichen Regelung dagegen lediglich internen Zwecken des Wirtschaftsprüfers, insbesondere seiner internen Dokumentation der Abschlussprüfung; nicht einmal der Auftraggeber hat nach dem Willen des Gesetzgebers einen materiellrechtlichen Anspruch auf Herausgabe der Arbeitspapiere (vgl. § 51 b Abs. 4 WPO). Die Arbeitspapiere bilden die Grundlage dafür, dass sich der Abschlussprüfer, der sich nicht nur bei umfangreichen und komplexen Prüfungen qualifizierter Mitarbeiter bedienen muss, selbst ein abschließendes Prüfungsurteil bilden kann. Mit der berufsrechtlichen Pflicht zur internen Dokumentation korrespondiert **keine** berufsrechtliche Pflicht des Wirtschaftsprüfers, seinem Auftraggeber Rechenschaft über den Inhalt seiner internen Zwecken dienenden Arbeitspapiere abzulegen.

(b) Interne Dokumentationszwecke

Aus der internen Zwecken dienenden *berufsrechtlichen* Dokumentationspflicht des Wirtschaftsprüfers lässt sich keine weitergehende **rechtsgeschäftliche Nebenpflicht** des Prüfers ableiten, dem Auftraggeber (oder sogar einem Dritten) – auch nicht im Haftpflichtprozess – Einblick in seine Arbeitspapiere zu gestatten bzw. die Arbeitspapiere diesen Personen vorzulegen. Es ist nicht Aufgabe des Grundsatzes von Treu und Glauben (§ 242 BGB), entgegen den ausdrücklichen berufsrechtlichen Vorgaben eine entsprechende materiellrechtliche Nebenpflicht des Wirtschaftsprüfers zu begründen. Dass Rechtsprechung und Literatur in den 80er und 90er Jahren des vergangenen Jahrhunderts aus § 242 BGB für Angehörige anderer Professionen (z. B. Ärzte oder Rechtsanwälte) aus § 242 BGB nicht nur eine Dokumentationspflicht, sondern auch eine Pflicht des Berufsangehörigen zur Gestattung der Einsichtnahme und ggfs. zur Vorlegung der internen Aufzeichnungen (z. B. Krankenpapiere) oder der Handakten (z. B. bei Rechtsanwälten) abgeleitet haben, steht der hier vertretenen Ansicht nicht entgegen. Die Fälle der **ärztlichen Dokumentations- und Vorlegungspflicht** sind – wie zu zeigen sein wird – mit den hier in Rede stehenden Fällen nicht vergleichbar (Stichwort: fehlende Informationsäquivalenz).[110]

Die **anwaltliche Dokumentationspflicht** und die Pflicht des Rechtsanwalts zur Herausgabe seiner Handakten an den Mandanten (Arbeitspa-

---

110 Siehe dazu unten S. 34.

piere sind dem anwaltlichen Standesrecht nicht bekannt, § 50 BRAO!) nach Beendigung des Mandats waren bis 1994 berufsrechtlich nicht geregelt.[111] Daher mag für die Zeit vor 1994 zur Begründung einer Dokumentationspflicht des Rechtsanwalts ein Rückgriff auf § 242 BGB nahe gelegen haben; zur Begründung eines Anspruchs des Mandanten auf Herausgabe der Handakten des Rechtsanwalts bedurfte es eines Rückgriffs auf § 242 BGB dagegen schon deshalb nicht, weil sich aus § 667 BGB ein vertraglicher Anspruch auf Herausgabe der Handakten ergibt und die anwaltlichen Handakten nach Ansicht eines Teils der Lehre außerdem unter § 810 2. Variante BGB fallen.[112]

(c) Beweissicherungspflicht

Die für den Auftraggeber möglicherweise ungünstige tatsächliche Ausgangssituation im Haftpflichtprozess gegen den Abschlussprüfer rechtfertigt die Konstruktion eines rechtsgeschäftlichen Einsichtsrechts ebenfalls nicht, denn dem deutschen materiellen Recht ist – ebenso wie dem deutschen Prozessrecht[113] – eine **allgemeine** Pflicht zur Herstellung der Informationsäquivalenz zwischen der behauptungs- und beweisbelasteten Vertragspartei und ihrem Vertragspartner unbekannt. Die Dokumentationspflicht des Wirtschaftsprüfers (§ 51 b Abs. 1 WPO) darf schon wegen § 51 b Abs. 4 WPO nicht einfach in eine allgemeine, in das rechtsgeschäftliche Schuldverhältnis mit Hilfe des § 242 BGB „hineingelesene" Rechenschaftspflicht des Wirtschaftsprüfers gegenüber seinem Auftraggeber umgedeutet werden, mit der auf Seiten des Auftraggebers ein (vorbereitender) Rechenschaftsanspruch korrespondiert. Aus der berufsrechtlichen Dokumentationspflicht des Wirtschaftsprüfers ergibt sich insbesondere keine berufs- oder vertragsrechtliche „**Beweissicherungspflicht**" zugunsten des Auftraggebers oder gar prüfungsvertragsfremder Personen in dem Sinne, dass der Wirtschaftsprüfer verpflichtet sein könnte, die Prüfungshandlungen und Schlussfolgerungen so zu dokumentieren, dass der Auftraggeber oder ein Dritter im Falle eines Rechtsstreits daraus einen Nachweis für einen bestimmten Geschehensablauf ableiten könnte.[114]

---

111 § 50 BRAO wurde durch das Gesetz zur Neuregelung des Berufsrechts der Rechtsanwälte und der Patentanwälte vom 2. 9. 1994, BGBl. I 2278, in das anwaltliche Standesrecht eingeführt. Einzelheiten dazu in *Henssler/Prütting*, BRAO, § 50 RdNr. 1 ff.; *Jessnitzer/Blumberg*, BRAO, § 50 RdNr. 1.
112 Siehe RGRK-*Steffen*, § 810 RdNr. 16 m. w. Nachw.
113 Siehe dazu unten S. 65–66.
114 Im Arztrecht, in dem die internen Aufzeichnungen des Arztes dem Patienten unter bestimmten Umständen vorzulegen sind, gilt das ebenso. Siehe dazu unten S. 28 f.

Mit Recht hat daher – soweit ersichtlich – bis heute kein deutsches Gericht aus der Dokumentationspflicht des Wirtschaftsprüfers (§ 51 b Abs. 1 WPO) eine rechtsgeschäftliche Nebenpflicht (Schutzpflicht) des Prüfers zur Vorlegung der internen Zwecken dienenden Arbeitspapiere an den Auftraggeber oder einen Dritten abgeleitet (§ 242 BGB). Entsprechendes gilt für die **Arbeitspapiere des Steuerberaters**, die nach der (§ 51 b WPO weitgehend entsprechenden) Bestimmung des § 66 Abs. 2 Satz 2 StBerG ebenfalls nur „zu internen Zwecken" gefertigt werden und daher dem Auftraggeber des Steuerberaters nicht herauszugeben sind.[115]

dd) Allgemeines Persönlichkeitsrecht

Anders als im Bereich des ärztlichen Berufsrechts lässt sich ein Anspruch des Auftraggebers auf Einsichtnahme oder sogar auf Vorlegung der Arbeitspapiere des Wirtschaftsprüfers im Haftpflichtprozess auch nicht im Wege einer **ergänzenden Vertragsauslegung im Lichte grundrechtlicher Wertungen** wie dem verfassungsrechtlich garantierten Selbstbestimmungsrecht gemäß Art. 2 Abs. 1 GG (freie Entfaltung der Persönlichkeit) oder der personalen Würde des Menschen (Art. 1 Abs. 1 GG) herleiten.

(a) Vergleich mit Arzthaftpflichtfällen

Im Bereich der Arzthaftung ist anerkannt, dass Ärzte zur Dokumentation ihrer Tätigkeit verpflichtet sind. Entgegen der früheren Rechtsprechung des BGH[116] heißt es dazu schon in § 11 der **Berufsordnung für die deutschen Ärzte** in der Fassung von 1985: „Ärztliche Aufzeichnungen sind nicht nur Gedächtnisstützen für den Arzt, sie dienen auch dem Interesse des Patienten an einer ordnungsgemäßen Dokumentation." Zu einer ordnungsgemäßen ärztlichen Behandlung gehört als Berufs- und Vertragspflicht eine ausreichende und sorgfältige Dokumentation, die auch über die Person des verantwortlich behandelnden Arztes Auskunft geben muss. Die Dokumentation muss alle für die Behandlung und ihren Ablauf sowie für die Diagnosestellung und Therapie wichtigen Wahrnehmungen, Feststellungen und Maßnahmen umfassen. Der Arzt ist von Rechts wegen verpflichtet, **Krankenunterlagen** zu führen und aufzubewahren.

Aus der Dokumentationspflicht des Arztes ergibt sich aber **keine Beweissicherungspflicht** zu Gunsten des Patienten in dem Sinne, dass der Arzt insbesondere, aber nicht nur, bei Verletzungen eines Patienten ver-

---

115 *Kuhls/Meurers/Maxl/Schäfer/Goez*, Steuerberatungsgesetz, § 66 RdNr. 4.
116 BGH, Urt. vom 6. 11. 1962, JZ 1963, 369 mit zustimmender Anmerkung von *Steindorff*.

pflichtet sein könnte, die Verletzungsfolgen so zu dokumentieren, dass daraus ein Beweis für einen bestimmten Geschehensablauf gezogen werden könnte.[117] Eine solche Verpflichtung lässt sich weder aus dem Berufsrecht noch aus dem Behandlungsvertrag ableiten.[118] Für den Fall der offensichtlich unzulänglichen ärztlichen Dokumentation ergeben sich **beweisrechtliche Konsequenzen**, die jedoch nicht den Grundsätzen der Beweislastumkehr bei Vorliegen eines groben Behandlungsfehlers folgen. Es sind aber Beweiserleichterungen (bis hin zur Umkehr der Beweislast) immer dann und insoweit geboten, als nach tatrichterlichem Ermessen dem Patienten die (volle) Beweislast für einen Arztfehler wegen der vom Arzt verschuldeten Aufklärungshindernisse billigerweise nicht mehr zugemutet werden kann.[119]

Nach seit langem nicht mehr zu bestreitender Ansicht hat der Patient das Recht, die **Herausgabe** von Krankenunterlagen an den **nachbehandelnden Arzt** zu verlangen. Die Aufklärungspflicht des Arztes kann es diesem in bestimmten Situationen gebieten, seinem Patienten medizinische Unterlagen vorzuweisen. Nach der Rechtsprechung hat der Patient grundsätzlich auch außerhalb eines Rechtsstreits Anspruch auf Einsicht in die ihn betreffenden Krankenunterlagen, freilich nur, soweit sie Aufzeichnungen über objektive physische Befunde und Berichte über Behandlungsmaßnahmen wie die Medikation oder die Operation betreffen.[120] Der BGH hat betont, dass sich der vertragliche Anspruch auf Einsichtnahme regelmäßig nicht „kraft Abrede", sondern aus dem durch grundrechtliche Wertungen geprägten **Selbstbestimmungsrecht** und der **personalen Würde des Patienten** (Art. 2 Abs. 1, 1 Abs. 1 GG) ergibt.[121]

Der BGH hat in anderen Entscheidungen zur Arzthaftpflicht betont, dass es sich bei dem Einsichtsrecht um „einen Nebenanspruch aus dem Behandlungsvertrag" handele, der im Wege der ergänzenden Vertragsauslegung gewonnen wird.[122] Mit anderen Worten: Der Anspruch des Patienten auf Einsichtnahme in seine Krankenunterlagen ist ein vertraglicher; grundrechtliche Wertungen können ihm über die Generalklausel des

---

117 BGH, Urt. vom 24. 1. 1989, NJW 1989, 2330; BGH, Urt. vom 23. 3. 1993, NJW 1993, 2375; BGH, Urt. vom 9. 11. 1993, NJW 1994, 799.
118 Narr, Ärztliches Berufsrecht, S. 576.
119 Vgl. BGH, Urt. vom 27. 6. 1978, NJW 1978, 2337; BGH, Urt. vom 21. 9. 1982, NJW 1983, 333; BGH, Urt. vom 10. 3. 1981, NJW 1981, 2002; BGH, Urt. vom 7. 5. 1985, NJW 1985, 2193; BGH, Urt. vom 18. 3. 1986, NJW 1986, 2365; BGH, Urt. vom 3. 2. 1987, NJW 1987, 1482.
120 Vgl. BGH, Urt. vom 23. 11. 1982, NJW 1983, 328.
121 Siehe etwa BGH, Urt. vom 2. 10. 1984, NJW 1985, 674; BGH, Urt. vom 6. 12. 1988, BGHZ 106, 146; BGH, Urt. vom 23. 11. 1982, BGHZ 85, 327.
122 Siehe z. B. BGH, Urt. vom 31. 5. 1983, NJW 1983, 2627.

§ 242 BGB zufließen. Der persönlichkeitsrechtliche Ansatz des BGH soll den Vertragsanspruch des Patienten nicht nur zu einem „höchstpersönlichen" Anspruch machen; vielmehr darf er nach Ansicht des BGH „auch legitimen wirtschaftlichen Belangen" – wie der Klärung von Schadensersatzansprüchen sowohl gegen den Einsicht gewährenden Arzt als auch gegenüber anderen Ärzten – „dienstbar" gemacht werden.[123]

(b) Keine vergleichbare Lage

Die Fälle der Einsichtnahme des Patienten in seine Krankenunterlagen sind mit dem hier in Rede stehenden Fall der Arbeitspapiere des Wirtschaftsprüfers nicht vergleichbar.

(aa) Informationsrechte

Die Vorschriften über die handelsrechtliche Pflichtprüfung (§§ 316 ff. HGB) haben die Rechtsbeziehung des Abschlussprüfers zu seinem Auftraggeber nicht als ein unreflektiertes, auf „blindes Vertrauen" des Auftraggebers gestütztes und von einem Informationsgefälle zulasten des Auftraggebers gekennzeichnetes Vertragsverhältnis ausgestaltet. Der Prüfungsauftrag stellt sich vielmehr als Rechtsverhältnis mit gesetzlich umrissenen Rechten und Pflichten beider Parteien dar. Diese Regeln tragen der besonderen, durch Kontrolle und Transparenz im Unternehmensbereich gekennzeichneten Beziehung zwischen den Parteien eines Prüfungsauftrags Rechnung. Zur **Stärkung der (Informations-)Rechte** der prüfungspflichtigen Gesellschaft hat der Gesetzgeber die §§ 316 ff. HGB namentlich durch das am 1. 5. 1998 in Kraft getretene Gesetz zur Kontrolle und Transparenz im Unternehmensbereich (KonTraG) vom 27. 4. 1998[124] in einigen zentralen Punkten geändert.[125]

Die in unserem Zusammenhang besonders wichtigen Änderungen aufgrund des KonTraG betreffen vor allem die **verbesserte, problemorientierte Information** des Aufsichtsrats der prüfungspflichtigen Gesellschaft durch den Abschlussprüfer,[126] die Ausweitung der Berichtspflichten des Abschlussprüfers im Prüfungsbericht (§ 321 Abs. 1 Satz 1 und Abs. 3 HGB), also dem Instrument der unternehmens*internen* Berichterstat-

---

[123] Vgl. BGH, Urt. vom 31. 5. 1983, NJW 1983, 2627.
[124] BGBl. I 786.
[125] Zu Einzelheiten siehe MünchKommHGB-*Ebke*, Vor § 316 RdNr. 1–14 m. w. Nachw.
[126] Zu Einzelheiten siehe MünchKommHGB-*Ebke*, § 321 RdNr. 2 m. w. Nachw.

tung,[127] der Verbesserung der unternehmens*externen* Berichterstattung mit Hilfe des Bestätigungsvermerks (§ 322 HGB) und nicht zuletzt durch die Verpflichtung des Abschlussprüfers, an der entscheidenden Bilanzsitzung des Aufsichtsrats der geprüften Gesellschaft teilzunehmen und dem Aufsichtsrat die komplexen rechtlichen und betriebswirtschaftlichen Sachverhalte zu erläutern.[128] Die Änderungen der §§ 316 ff. HGB durch das KonTraG bezwecken zugleich eine Verringerung der sog. „Erwartungslücke" (*expectation gap*) der „Öffentlichkeit", deren Erwartungen an die Abschlussprüfung und die Abschlussprüfer sich mit dem gesetzlichen Auftrag oft nicht decken.[129]

(bb) Berichts-, Rede- und Warnpflichten

Mit den gesetzlich festgelegten, im KonTraG erweiterten Berichtspflichten sowie der allgemeinen **Rede- und Warnpflicht des Abschlussprüfers**[130] trägt der Gesetzgeber dem (auch) gesellschaftsübergreifenden Charakter der Abschlussprüfung Rechnung. In den genannten gesetzlich aufgestellten Pflichten verwirklicht sich – sowohl im Interesse des Auftraggebers als auch im Interesse Dritter – die Information über das in Erfüllung der Hauptleistungspflichten des Wirtschaftsprüfers aus dem Prüfungsauftrag Geleistete. Einem etwaigen Interesse des Auftraggebers

---

127 Den Internationalen Abschlussprüfungsgrundsätzen (International Standards on Auditing – ISA) ist ein Prüfungsbericht wie nach deutschem Recht unbekannt. Daher haben Arbeitspapiere in vielen ausländischen Rechtsordnungen eine völlig andere Funktion als in Deutschland. Vor einer unkritischen Bezugnahme auf die Behandlung von Arbeitspapieren im Haftpflichtprozess vor ausländischen Gerichten ist daher zu warnen. Das gilt namentlich für die Gerichte in den USA (vgl. *Leffson*, Wirtschaftsprüfung, S. 295). In den USA sind Wirtschaftsprüfer nicht aufgrund materiellrechtlicher Vorschriften zur Vorlegung der Arbeitspapiere (*working papers*) verpflichtet; vielmehr eröffnen die prozessrechtlichen Regeln über das *pre-trial discovery of documents* im Stadium zwischen der Einreichung der Klage und der mündlichen Verhandlung die Möglichkeit einer umfassenden Tatsachen- und Sachverhaltsermittlung durch die beweisbelastete Partei. Zu Einzelheiten des *pre-trial discovery*-Verfahrens siehe etwa *Junker*, Discovery; *Hay*, US-amerikanisches Recht, S. 75–76; *Dessem*, Pretrial Litigation; *Zekoll/Bolt*, NJW 2002, 3129, 3133–3134.
128 Vgl. § 171 Abs. 1 Satz 2 AktG, § 52 Abs. 1 GmbHG. Zu Einzelheiten siehe MünchKommHGB-*Ebke*, § 321 RdNr. 4 m. w. Nachw. in Fn. 12.
129 Siehe statt vieler MünchKommHGB-*Ebke*, Vor § 316 RdNr. 16, § 317 RdNr. 45 und § 322 RdNr. 4 m. w. Nachw.
130 BGH, Urt. vom 15. 12. 1954, BGHZ 16, 17, 25. Der BGH hat die Rede- und Warnpflicht des Abschlussprüfers in dieser Entscheidung noch aus einer angeblichen „Organstellung" des Abschlussprüfers und den sich daraus ergebenden Treupflichten abgeleitet. Kritisch dazu MünchKommHGB-*Ebke*, § 316 RdNr. 27.

bzw. Dritter an einem Zugriff auf die persönlichen, zu internen Zwecken gefertigten Aufzeichnungen des Abschlussprüfers in seinen Arbeitspapieren über die Prüfungsplanung, die Prüfungshandlungen, die Prüfungsfeststellung und die Ableitung des Prüfungsergebnisses (vgl. IDW PS 460.12 – 460.13) hat der Gesetzgeber bei Abschlussprüfungen bewusst (vgl. § 51 b Abs. 4 WPO) ein geringeres Interesse beigemessen als beispielsweise im Bereich der ärztlichen Tätigkeiten. Die Aufzeichnungen des Abschlussprüfers in seinen Arbeitspapieren haben – anders als Krankenunterlagen – nach den Vorstellungen des Gesetzgebers ersichtlich **keine (externe) Rechenschaftsfunktion**. Eine allgemeine vertragsrechtliche Verpflichtung des beauftragten Wirtschaftsprüfers, seinem Auftraggeber für interne Zwecke gefertigte Aufzeichnungen des Prüfers jederzeit (oder auch nur im Rahmen eines Rechtsstreits) offenzulegen, ist dem deutschen Recht fremd.[131]

(cc) Persönliche Aspekte

Dafür gibt es gute Gründe: Gerade Arbeitspapiere eines Wirtschaftsprüfers geben nicht selten Aufschluss über Dinge, an deren Kenntnis der Auftraggeber kein berechtigtes Interesse hat (z. B. Maßnahmen der Qualitätssicherung in der Praxis des Wirtschaftsprüfers im Hinblick auf die „Peer Review"). Hinzu kommt, dass Arbeitspapiere auch eine **persönliche Komponente** haben, die in den den Prüfungsauftrag betreffenden Aufzeichnungen ihren Niederschlag finden.[132] Solche Aufzeichnungen etwa über persönliche Eindrücke bei Gesprächen mit dem Auftraggeber oder über die Motive für eine im Rahmen der Abschlussprüfung getroffene Ermessensentscheidung oder Lösung schwieriger wirtschaftlicher oder rechtlicher Fragen im Zusammenhang mit der Abschlussprüfung (vgl. IDW PS 460.13) gehören zur Durchführung einer Abschlussprüfung. Solche Aufzeichnungen werden nicht mit dem Ziel gefertigt, sie ggfs. dem Auftraggeber unmittelbar zur Kenntnis zu bringen, sondern sind in ihrer Fassung vielmehr oft von dem Bewusstsein geprägt, dass der Auftraggeber zu den Arbeitspapieren gerade keinen Zugang haben werde (vgl. § 51 b Abs. 4 WPO). Derartige Aufzeichnungen können eben wegen dieser Erwartung oft zwangloser und deutlicher abgefasst werden, was dem Interesse auch des Auftraggebers nicht entgegensteht, sondern förderlich ist (z. B. bei Folgeprüfungen, Nachtragsprüfungen, Gemein-

---

131 Vgl. BGH, Urt. vom 23. 11. 1982, BGHZ 85, 327, 335 (betr. Krankenunterlagen); BGH, Urt. vom 30. 11. 1989, BGHZ 109, 260, 265 (betr. Handakten des Rechtsanwalts).
132 Vgl. BGH, Urt. vom 30. 11. 1989, BGHZ 109, 260, 265.

schaftsprüfungen[133] oder Verwendung der Arbeit eines anderen externen Prüfers[134] bzw. eines Sachverständigen[135]).

(dd) **Externalisierung zu Lasten des Prüfers**

Hinzu kommt, dass Form und Inhalt der Arbeitspapiere nicht gesetzlich vorgeschrieben sind, sondern im pflichtgemäßen Ermessen des Abschlussprüfers stehen.[136] Arbeitspapiere sind nach ständiger deutscher wie internationaler Berufsübung zwar „klar und übersichtlich" zu führen und so anzulegen, dass „sich ein Prüfer, der nicht mit der Prüfung befasst war, in angemessener Zeit ein Bild über die Abwicklung der Prüfung machen kann".[137] Diese Vorgabe schließt es nach Ansicht des Hauptfachausschusses des IDW aber nicht aus, dass „ordnungsgemäße Arbeitspapiere auch dann vorliegen können, wenn ein Verständnis für Detailaspekte der Abschlussprüfung erst durch eine Erörterung der Arbeitspapiere mit deren Ersteller erlangt werden kann".[138] Derartige „Detailaspekte" können im Haftpflichtprozess bisweilen größte Bedeutung erlangen. Im Rahmen der Beweiswürdigung besteht daher die **Gefahr**, dass ein Gericht aus der naturgemäß nicht allumfassenden Dokumentation eines konkreten Prüfungspunktes für den Prüfer **nachteilige Folgerungen** zieht. Aus gutem Grund legt der Gesetzgeber den Arbeitspapieren des Wirtschaftsprüfers daher lediglich Bedeutung für interne Zwecke bei.

Wenn der Zweck der Arbeitspapiere nach der ausdrücklichen gesetzlichen Regelung in § 51 b Abs. 4 WPO ein interner ist, dann dürfen die aus Treu und Glauben (§ 242 BGB) entnommenen Grundsätze diese Zweckbestimmung nicht in ihr Gegenteil verkehren und die internen Aufzeichnungen des Wirtschaftsprüfers rechtlich zu seinen Lasten „externalisieren", zumal sich das geprüfte Unternehmen als Auftraggeber des Abschlussprüfers – anders als Patienten – nicht auf das verfassungsrechtlich garantierte Selbstbestimmungsrecht gemäß Art. 2 Abs. 1 GG (freie Entfaltung der Persönlichkeit) oder die personale Würde des Menschen (Art. 1 Abs. 1 GG) berufen können, denn Art. 1 und 2 GG sind „ihrem

---

133 Vgl. IDW PS 208.20.
134 Siehe IDW PS 320.23.
135 Vgl. IDW PS 322.23.
136 IDW PS 460.10; siehe auch ISA 230: *Documentation* Abschnitt 5–7 („professional judgment").
137 IDW PS 460.10; in demselben Sinne auch ISA 230: *Documentation* Abschnitt 7.
138 IDW PS 460.10; siehe auch ISA 230: *Documentation* Abschnitt 7 („That other auditor may only be able to obtain an understanding of detailed aspects of the audit by discussing them with the auditors who prepared the working papers").

Wesen nach" nicht auf juristische Personen und sonstige Gesellschaften anwendbar (vgl. Art. 19 Abs. 3 GG).

(ee) Informationsgefälle

Gegen die hier vorgetragene Ansicht kann man nicht einwenden, dass das Recht damit einer überholten Auffassung von der Funktion und der Bedeutung der Jahresabschlussprüfung und der wirtschaftsprüfenden Berufe unangemessen Raum gibt. Die Verrechtlichung der Jahresabschlussprüfung findet ihre Grenze in ausdrücklichen Wertungen des Gesetzgebers (§ 51 b Abs. 4 WPO), die mit Hilfe des Grundsatzes von Treu und Glauben (§ 242 BGB) nicht unterlaufen oder ausgehebelt werden dürfen – schon gar nicht im Verhältnis von Wirtschaftsprüfer und Auftraggeber; denn anders als der durchschnittliche Patient ist der Auftraggeber (d. h. die prüfungspflichtige Gesellschaft) keineswegs die **„schwächere Vertragspartei"** und der Wirtschaftsprüfer nicht der **„überlegen sachverständige Vertragspartner"**. Diese Einsicht ist nicht neu, wird aber im Gesetz seit Inkrafttreten des KonTraG ausdrücklich klargestellt, wenn in § 322 Abs. 2 Satz 1 HGB gesagt wird, dass die gesetzlichen Vertreter der prüfungspflichtigen Gesellschaft und nicht der Abschlussprüfer den Jahresabschluss zu verantworten haben! Das für das Verhältnis von Arzt und Patient typische **Informationsgefälle** ist für das Verhältnis des Abschlussprüfers zu seinem Auftraggeber gerade nicht typisch. Anders als möglicherweise in Arzthaftpflichtfällen bedarf es in Fällen behauptetermaßen fehlerhafter Jahresabschlussprüfungen selbst im Rechtsstreit daher keiner Korrektur mit Hilfe des § 242 BGB zur Herstellung einer „Informationsäquivalenz" zwischen dem Prüfer und der geprüften Gesellschaft.

(c) Ermessensreduzierung auf Null?

Aus der Tatsache, dass es nach Ansicht des Hauptfachausschusses des IDW im **„Ermessen"** des Wirtschaftsprüfers steht, „ob er Teile oder Auszüge aus den Arbeitspapieren dem geprüften Unternehmen zur Verfügung stellt ...",[139] lässt sich nicht herleiten, dass das Ermessen des Wirtschaftsprüfers im Haftpflichtprozess des Auftraggebers gegen ihn aus dem Grundsatz von Treu und Glauben (§ 242 BGB) sozusagen „auf Null reduziert" ist und er von daher materiellrechtlich verpflichtet ist, seine Arbeitspapiere vorzulegen (§ 422 ZPO). Das deutsche Recht kennt – wie gesagt – keine allgemeine materiellrechtliche Pflicht des Gegners im Haftpflichtprozess, der darlegungs- und beweisbelasteten Partei Urkunden oder sonstige Unterlagen vorzulegen. Es ist **nicht Aufgabe der Gerichte**, entgegen § 51 b Abs. 4 WPO materiellrechtlich eine rechtsge-

---

139 Siehe IDW PS 460.24.

schäftliche Vorlegungspflicht des Wirtschaftsprüfers sozusagen durch die „Hintertür" der §§ 241 Abs. 2, 242 BGB einzuführen, um dadurch dem darlegungs- und beweisbelasteten Auftraggeber im Rechtsstreit mit dem Wirtschaftsprüfer zu helfen – zumal dann nicht, wenn – wie in dem hier in Rede stehenden Fall – der Auftraggeber den Inhalt des Vertragsgegenstandes, also des behauptetermaßen fehlerhaften Jahresabschlusses, allein zu verantworten hat (§ 322 Abs. 2 Satz 1 HGB).

Dass Arbeitspapiere nach Ansicht des Hauptfachausschusses (HFA) des Instituts der Wirtschaftsprüfer auch der **„Sicherung des Nachweises in Regressfällen"** dienen,[140] steht den vorstehenden Ausführungen nicht entgegen. Mit „Sicherung des Nachweises in Regressfällen" ist angesichts der vom Berufsstand ausdrücklich anerkannten und hervorgehobenen internen Zweckbestimmung der Arbeitspapiere (IDW PS 460.1) nicht gemeint, dass die Arbeitspapiere zu dem Zweck gefertigt werden, dass der Auftraggeber des Wirtschaftsprüfers daraus im Haftpflichtprozess einen Beweis der entscheidungserheblichen Tatsachen ziehen kann.[141] Mit Hilfe seiner Arbeitspapiere soll sich der Wirtschaftsprüfer vielmehr jederzeit selbst einen Überblick über die Prüfungsplanung, die Prüfungshandlungen, die Prüfungsfeststellungen und die Ableitung der Prüfungsergebnisse verschaffen können, Rückfragen dazu (z. B. vom Auftraggeber oder einem Gemeinschaftsprüfer) beantworten können[142] und seiner Pflicht nachkommen können, sich im Prozess wahrheitsgemäß, vollständig und rechtzeitig zu erklären (§§ 138 Abs. 1, 139 Abs. 1 Satz 2 ZPO), sich zu substantiierten Behauptungen des Gegners zu äußern und in der mündlichen Verhandlung die Sache erschöpfend zu erörtern (vgl. 136 Abs. 3 ZPO).

Ansprüche des Auftraggebers oder Dritter im Sinne eines materiellen subjektiven Rechts (mit einer damit korrespondierenden materiellrechtlichen Pflicht des Wirtschaftsprüfers) können aus der Feststellung des HFA des IDW in IDW PS 460.7 im Übrigen schon deshalb nicht hergeleitet werden, weil der IDW PS 460: *Arbeitspapiere des Abschlussprüfers* **keine Rechtsnormqualität** hat[143] und er daher auch nicht zu den Vor-

---

140 IDW PS 460.7. Vgl. die (allerdings nicht juristischen) Ausführungen von *Bischof*, in: HWB, S. 96, 99.
141 Vgl. für die Arzthaftpflicht BGH, Urt. vom 24. 1. 1989, NJW 1989, 2330; BGH, Urt. vom 23. 3. 1993, NJW 1993, 2375; BGH, Urt. vom 9. 11. 1993, NJW 1994, 799.
142 Vgl. auch *Leffson*, Wirtschaftsprüfung, S. 291–292.
143 MünchKommHGB-*Ebke*, § 323 RdNr. 27 m. w. Nachw.; *Hauser*, Jahresabschlussprüfung, S. 64; *Richter*, Jahresabschlussprüfung, S. 64; *Sahner/Clauß/Sahner*, Qualitätskontrolle, S. 17; *Marten/Quick/Ruhnke*, Wirtschaftsprüfung, S. 73; eingehend dazu *Gehringer*, Abschlussprüfung, S. 131–151.

schriften des bürgerlichen Rechts im Sinne von § 422 ZPO zu zählen ist. Als Privatrechtssubjekt (eingetragener Verein) steht dem IDW keine originäre Rechtsetzungsbefugnis zu; eine abgeleitete Rechtsetzungskompetenz liegt mangels staatlicher Anerkennung des IDW ebenfalls nicht vor.[144] Bei den Prüfungsgrundsätzen des IDW handelt es sich auch nicht um Gewohnheitsrecht.[145] Die Prüfungsgrundsätze des IDW sind mit anderen Worten lediglich **verbandsinterne Regeln** (vgl. § 4 Abs. 9 Satz 2 IDW-Satzung) ohne rechtliche Verbindlichkeit im Außenverhältnis.[146] Als interne Verbandsregeln sind sie keine Vorschriften des bürgerlichen Rechts im Sinne des § 422 ZPO; als verbandsinterne Regeln können sie keinen materiellrechtlichen Anspruch von nicht dem Verband zugehörigen Personen auf Vorlegung der Arbeitspapiere in „Regressfällen" begründen.

(d) Zwischenergebnis

Im Ergebnis ist daher festzuhalten: Da die Fälle, die den Entscheidungen zur Pflicht des Arztes auf Gewährung der Einsichtnahme in die Krankenunterlagen des Patienten zugrundeliegen, mit dem hier in Rede stehenden Fall der Arbeitspapiere des Wirtschaftsprüfers in keiner Weise vergleichbar sind, verbietet es sich, eine entsprechende materiellrechtliche Vorlegungspflicht des beklagten Abschlussprüfers im Haftpflichtprozess mit Hilfe des § 242 BGB zu konstruieren.

ee) Auswirkungen auf prüfungsvertragsfremde Dritte

Die vorstehenden Ausführungen haben Auswirkungen auf die Frage, ob der beklagte Wirtschaftsprüfer im Haftpflichtprozess mit einem darlegungs- und beweisbelasteten prüfungsvertragsfremden Dritten (z. B. Anleger, Waren- oder Geldkreditgeber etc.) verpflichtet ist, seine Arbeitspapiere vorzulegen. Sofern den Wirtschaftsprüfer – wie im Vorstehenden dargelegt wurde – aus dem Prüfungsvertrag mit seinem Auftraggeber keine rechtsgeschäftliche Nebenpflicht trifft, seine Arbeitspapiere im Haftpflichtprozess vorzulegen, besteht im Prozess insoweit auch keine Vorlegungspflicht des Wirtschaftsprüfers gegenüber dem darlegungs- und beweisbelasteten Dritten. Nach der Rechtsprechung sind rechtsgeschäftliche Schutzpflichten **relativ**, d. h. sie bestehen grundsätzlich nur zwi-

---

144 *Gehringer*, Abschlussprüfung, S. 131.
145 MünchKommHGB-*Ebke*, § 323 RdNr. 27 m. w. Nachw.
146 MünchKommHGB-*Ebke*, § 323 RdNr. 27 m. w. Nachw.

schen den Vertragspartnern bzw. den an einem vorvertraglichen Schuldverhältnis Beteiligten (vgl. § 311 Abs. 2 BGB); auf vertragsfremde Dritte können sie allenfalls nach den Grundsätzen des **Vertrags (bzw. der culpa in contrahendo) mit Schutzwirkung für Dritte** erstreckt werden.[147] Wenn zwischen den Parteien eines rechtsgeschäftlichen Schuldverhältnisses (in casu: des Prüfungauftrags) keine Verhaltenspflicht (Nebenpflicht) der einen Partei (Beauftragter) gegenüber der anderen Partei (Auftraggeber) besteht, ist der Beauftragte jedenfalls aus dem rechtsgeschäftlichen Schuldverhältnis mit seinem Auftraggeber gegenüber einem vertragsfremden Dritten (unbeschadet eines eventuell mit diesem bestehenden eigenen Schuldverhältnisses) nicht zu einem bestimmten Verhalten verpflichtet. Mangels einer rechtsgeschäftlichen Verhaltenspflicht ist der beklagte Wirtschaftsprüfer daher nicht verpflichtet, im Haftpflichtprozess mit einem prüfungsvertragsfremden Dritten seine Arbeitspapiere vorzulegen.

ff) Rechtsgeschäftsähnliches Schuldverhältnis

Zwischen dem Abschlussprüfer und prüfungsvertragsfremden Dritten besteht auch kein rechtsgeschäftsähnliches Schuldverhältnis im Sinne von § 311 Abs. 3 Satz 1 BGB, aus dem sich eine Pflicht zur Vorlegung der Arbeitspapiere des beklagten Prüfers ergeben könnte.[148]

(a) Entstehung

Zwar kann ein Schuldverhältnis mit den Pflichten des § 241 Abs. 2 BGB auch zu Personen entstehen, die nicht selbst Vertragspartei werden sollen; die Voraussetzungen, unter denen ein solches Schuldverhältnis entsteht, liegen in Pflichtprüfungsfällen aber regelmäßig nicht vor. Ein solches Schuldverhältnis entsteht nach § 311 Abs. 3 Satz 1 BGB „insbesondere" dann, wenn der Dritte „in besonderem Maße"(!) **Vertrauen** für sich selbst in Anspruch nimmt und dadurch die Vertragsverhandlungen oder den Vertragsschluss „erheblich" (!) beeinflusst. Dazu soll es nicht genügen, dass jemand auf seine eigene Sachkunde verweist oder der „**Wortführer**" ist; ausreichen kann aber z. B. die Erklärung, man „verbürge" sich für den Vertragspartner oder Ähnliches.[149] Die sog. **Sach-**

---

147 In diesem Zusammenhang ist daran zu erinnern, dass die deutsche Rechtsprechung dem Prüfungsauftrag in Pflichtprüfungsfällen bis heute *keine Drittschutzwirkung* beigemessen hat. Zu Einzelheiten siehe MünchKommHGB-*Ebke*, § 323 RdNr. 116–119; *Ebke*, Die zivilrechtliche Verantwortlichkeit, S. 18–52.
148 Zur Etablierung der Haftung von Sachverständigen gegenüber Dritten in § 311 Abs. 3 BGB siehe *Lieb*, in: Dauner-Lieb/Heidel/Lepa/Ring (Hrsg.), Das Neue Schuldrecht, S. 141–144; *Eggert*, KritV 85 (2002), 98–109.
149 So die RegBegr BT-Drucks. 14/6040, S. 163.

walterhaftung lässt sich ebenfalls unter § 311 Abs. 3 Satz 2 BGB subsumieren.[150] § 311 Abs. 3 Satz 2 BGB lässt bewusst Raum für weitere Fallgruppen („insbesondere"), die sich in Praxis und Wissenschaft herausbilden können. Die Fälle, an die nach Ansicht der Kommentatoren zu denken ist, sind freilich nicht vergleichbar mit den Fällen der Jahresabschlussprüfung. Der Abschlussprüfer will gerade in den Pflichtprüfungsfällen mit einem gesetzlich genau umrissenen, begrenzten (!) Prüfungsauftrag weder auf die Vertragsverhandlungen noch auf den Vertragsschluss seines Auftraggebers mit anderen Personen (z. B. Anlegern, Waren- oder Geldkreditgebern) maßgeblich einwirken; der Prüfer hat an den Verträgen, die sein Auftraggeber mit anderen schließt (z. B. Kreditverträge, Lieferverträge) auch kein eigenes wirtschaftliches Interesse, so dass er – wirtschaftlich gesehen – nicht in eigener Sache tätig wird.[151]

(b) Vertrauensschutz

Hinzu kommt, dass der Gedanke des **Vertrauensschutzes** des einzelnen prüfungsvertragsfremden Dritten seit Inkrafttreten des Schuldrechtsmodernisierungsgesetzes am 1.1.2002 nicht ausreicht, um eine Schutzpflicht (Nebenpflicht) zu begründen. Nach § 241 Abs. 2 BGB sind Schutzpflichten, auch soweit sie nicht ausdrücklich vereinbart sind, sondern aus Treu und Glauben (§ 242 BGB) entwickelt werden, als vertragliche, nicht als gesetzliche Pflichten zu begreifen. Die Schutzpflichten sind **naturalia negotii**. Sie gelten deswegen, weil sie bestimmen, „was die Parteien selbst ausgesprochen haben würden, wenn sie gerade diesen Fall in den Bereich ihrer Festsetzung gezogen hätten",[152] und sind nicht lediglich aus dem Vertrauensschutzgedanken folgende gesetzliche Rechtsfolgen, die dem „von der Rechtsordnung anerkannten Rechtsgeschäftstypus"[153] entspringen.

Spätestens seit Inkrafttreten des **Schuldrechtsmodernisierungsgesetzes** lässt sich die Lehre von den „gesetzlichen" Schutzpflichten nicht mehr halten: Die zur Ausgestaltung eines Vertragstypus entwickelten relativen Schutzpflichten sind als **vertragliche** Pflichten zu qualifizieren. Der Gesetzgeber hat in § 311 Abs. 2 BGB erfreulicherweise klargestellt, dass ein (rechtsgeschäftliches) Schuldverhältnis mit Schutzpflichten gemäß § 241 Abs. 2 BGB auch durch die Aufnahme von Vertragsverhandlungen, durch die Anbahnung eines Vertrags und durch **ähnliche geschäft-**

---
150 *Huber/Faust*, Schuldrechtsmodernisierung, S. 18.
151 Vgl. BGH, Urt. vom 6.6.1994, BGHZ 126, 181, 182 (insoweit äußerst strenge Voraussetzungen aufstellend); zustimmend *Lorenz/Riehm*, Lehrbuch, S. 191.
152 So *Windscheid*, Pandektenrecht I, S. 85 Fn. 1 („Willenstheorie").
153 *Flume*, Allg. Teil II, § 6 Nr. 2.

liche Kontakte entstehen kann. Das ist zwar nicht neu, stellt aber klar, dass die auf diese Weise entstehenden Schutzpflichten rechtsgeschäftlichen Schuldverhältnissen (§ 311 Abs. 1 BGB) entstammen, also **vertragliche** Pflichten sind, nicht aber gesetzliche.[154] Das gilt auch für die rechtsgeschäftsähnlichen Schuldverhältnisse im Sinne des § 311 Abs. 3 Satz 1 BGB. Daher ist durch Auslegung der Erklärungen von Wirtschaftsprüfer und Auftraggeber der „**wahre Wille**" der Parteien zu ermitteln (§§ 133, 157 BGB) und nicht auf ein (möglicherweise auch noch so berechtigtes) „Vertrauen" des Prüfungsvertragsfremden abzustellen.

gg) „Öffentliche Funktion" des Abschlussprüfers

Angesichts der zunehmenden Bedeutung der Jahresabschlussprüfung für die Corporate Governance und das Funktionieren der Kapitalmärkte könnte man noch daran denken, aus der sog. „öffentlichen Funktion" des Abschlussprüfers – jedenfalls in Pflichtprüfungsfällen (§§ 316 ff. HGB) – eine Pflicht des beklagten Wirtschaftsprüfers zur Vorlegung seiner Arbeitspapiere an prüfungsvertragsfremde Dritte zu entwickeln.[155]

---

154 Den Vorschlägen einiger Gutachter zur Schuldrechtsreform, die den bisher durch positive Forderungsverletzung und *culpa in contrahendo* gewährten Schutz des Integritätsinteresses in das Deliktsrecht verweisen wollten, ist durch die Formulierung der §§ 241 Abs. 2, 311 Abs. 2 BGB eine Absage erteilt worden. Vgl. *Ehmann/Sutschet*, Modernisiertes Schuldrecht, S. 81.

155 Auslöser für eine solche Überlegung könnte sein, dass beispielsweise der Oberste Gerichtshof der Vereinigten Staaten von Amerika im Falle *United States* v. *Arthur Young & Co.*, 465 U.S. 805 (1984), aus der sog. „öffentlichen Funktion" (,*public watch dog*' *function*) des Abschlussprüfers (*auditor*) eine Pflicht des Wirtschaftsprüfers zur Vorlegung seiner Arbeitspapiere an die Steuerbehörden (Internal Revenue Service) entwickelt hat. Bei genauerem Hinsehen ist ein Rückgriff auf dieses Urteil aber schon deshalb fruchtlos, weil der Supreme Court die These von der *public watch dog function* des Abschlussprüfers in den USA nicht entwickelt hat, um den Abschlussprüfer in einem zivilrechtlichen Schadensersatzprozess zur Vorlegung seiner Arbeitspapiere (*working papers*) an die beweisbelastete Partei zu veranlassen; dazu sind Wirtschaftsprüfer nämlich schon nach den prozessrechtlichen Bestimmungen des Bundes und der Einzelstaaten über die *pre-trial discovery of documents* verpflichtet, die sich dort – freilich unter völlig anderen verfassungs- und prozessrechtlichen Gegebenheiten – grundsätzlich sogar auf interne und geheimhaltungsbedürftige Unterlagen beziehen kann. Vgl. *Zekoll/Bolt*, NJW 2002, 3129, 3133. Hinzu kommt, dass im US-amerikanischen Recht der Prüfungsbericht im Sinne des § 321 HGB unbekannt ist; die Arbeitspapiere haben in den USA daher eine andere Funktion als in Deutschland. Siehe oben S. 31 Fn. 127.

(a) Die (auch) gesellschaftsübergreifende Funktion der Abschlussprüfung

Bereits in den 30er Jahren des vergangenen Jahrhunderts setzte sich in Deutschland die Erkenntnis durch, dass „eine regelmäßige Prüfung der Rechnungslegung nicht nur im Interesse der Gesellschaft und Ihrer Aktionäre, sondern vor allem im Interesse der Gläubiger und der Allgemeinheit liegt".[156] Aus dem behaupteten **Interesse der Allgemeinheit** an der Pflichtprüfung wurden damals freilich keine weitreichenden – insbesondere keine materiell- oder prozessrechtlichen – Folgerungen gezogen. Mit dem Interesse der Allgemeinheit an der Pflichtprüfung der Jahresabschlüsse von Aktiengesellschaften wurde von der damaligen Lehre lediglich begründet, warum die „bisherigen Pflichtprüfungsvorschriften durch den grundlegenden Satz, daß ein ohne vorherige Prüfung festgestellter Jahresabschluß nichtig ist, zu zwingenden öffentlich-rechtlichen Vorschriften erhoben" wurden.[157]

(aa) Instrument der Kontrolle und Transparenz

Die Prüfung des Jahresabschlusses (§§ 316 ff. HGB) dient, obgleich der Abschlussprüfer ausschließlich mit der prüfungspflichtigen Gesellschaft vertragliche Beziehungen unterhält (§ 318 Abs. 1 Satz 4 HGB) und seine Prüfungstätigkeit von dieser vergütet wird, in der Tat nicht allein den Kontrollbedürfnissen der zu prüfenden Gesellschaft. Die Abschlussprüfung als Instrument der Kontrolle und Transparenz im Unternehmensbereich hat vielmehr ebenso wie ihr Substrat, der Jahresabschluss, auch gesellschaftsübergreifende Funktionen: sie dient auch dem Interesse der Rechnungslegungsadressaten an wahren und vollständigen sowie unabhängig geprüften Informationen über die rechnungslegungspflichtige Gesellschaft im Rahmen der gesetzlichen Regeln, weil diese Adressaten die Informationen in bestätigten Jahres- und Konzernabschlüssen oft zur **Grundlage vermögenswirksamer Entscheidungen** und entsprechender Maßnahmen machen[158]. § 18 Satz 1 KWG schreibt Kreditinstituten daher vor, sich unter bestimmten Voraussetzungen Jahresabschlüsse ihrer Kreditnehmer vorlegen zu lassen.[159]

---

156 *Schlegelberger/Quassowski*, Aktiengesetz, Übersicht vor § 135.
157 *Schlegelberger/Quassowski*, Aktiengesetz, Übersicht vor § 135.
158 *Ebke*, Wirtschaftsprüfer und Dritthaftung, S. 12–13; BayObLG, Beschl. vom 12. 12. 2001, WPK-Mitt. 2002, 275, 275 (r. Sp.) (unter Hinweis auf MünchKommHGB-*Ebke*, § 318 RdNr. 55).
159 § 18 KWG ist kein Schutzgesetz im Sinne des § 823 Abs. 2 BGB. Siehe MünchKomm/HGB-*Ebke*, § 323 RdNr. 84 m. w. Nachw.

(bb) Entstehungsgeschichte

Die (auch) gesellschaftsübergreifende Funktion der Abschlussprüfung belegt schon die Entstehungsgeschichte des Gedankens der Pflichtprüfung. In der **Begründung des Aktiengesetzentwurfs von 1930**, in dem erstmals – in Anlehnung namentlich an englische Vorbilder – eine Pflichtprüfung für Aktiengesellschaften und Kommanditgesellschaften auf Aktien vorgesehen war, heißt es:

„Die regelmäßige Rechnungsprüfung, die eine Reihe ausländischer Rechte vorschreibt, kann, wie namentlich die in England gemachten Erfahrungen beweisen, zur Gesundung des Aktienwesens und zu seiner Sicherung in erheblichem Maße beitragen. Eine derartige Kontrolle erscheint auch deshalb notwendig, weil eine Zahl von Aktiengesellschaften ... sich zu zentralen Sammelstellen des nationalen Kapitals entwickelt haben. Eine gewissenhafte Rechnungsprüfung entspricht daher nicht nur dem Interesse der Gesellschaft, ihrer Gläubiger und Aktionäre, sondern auch der Volkswirtschaft".[160]

(cc) Sicht der Gerichte

Vor einigen Jahren hat auch das **Bundesverfassungsgericht** betont, dass „Wirtschaftsprüfer im öffentlichen Interesse mit einer Verantwortung vor der Öffentlichkeit besondere Aufgaben wahrnehmen...".[161] Die Entscheidung betrifft freilich die mit der hier in Rede stehenden Frage nicht vergleichbare Problematik des Sozietätsverbots und hat daher keinerlei Auswirkungen auf die Frage, ob der beklagte Wirtschaftsprüfer im Haftpflichtprozess zur Vorlage seiner Arbeitspapiere verpflichtet ist. Das **Bayerische Oberste Landesgericht** hat den Abschlussprüfer in anderem Zusammenhang einmal als „außenstehende Kontrollinstanz mit öffentlicher Funktion" bezeichnet.[162] In dem der Entscheidung zugrunde liegenden Fall ging es um die Frage der Zurechnung eines Befangenheitstatbestandes. Für die hier in Rede stehende Frage einer Pflicht des beklagten Wirtschaftsprüfers zur Vorlegung seiner Arbeitspapieren im Zivilprozess lässt sich aus dem Hinweis des Bayerischen Obersten Landesgerichts offensichtlich nichts herleiten.

(b) Folgerungen

Den gesetzgeberischen Beobachtungen sowie den beiden Hinweisen hoher deutscher Gerichte liegt die zutreffende Einsicht zugrunde, dass die gesetzlich angeordnete Prüfung der Jahresabschlüsse bestimmter Gesellschaften durch unabhängige sachverständige Wirtschaftsprüfer in einer

---

160 *Reichsjustizministerium* (Hrsg.), Entwurf eines Gesetzes über Aktiengesellschaften und Kommanditgesellschaften auf Aktien, S. 115.
161 BVerfG, Beschl. vom 8. 4. 1998, AnwBl 1998, 405, 409.
162 BayObLG, Urt. vom 17. 9. 1987, BayOLGZ 1987, 297, 308.

marktwirtschaftlichen Ordnung nicht nur den Bedürfnissen der prüfungspflichtigen Gesellschaft, ihrer Organe und Gesellschafter dient, sondern dass die Jahresabschlussprüfung (Pflichtprüfung) zusammen mit der Rechnungslegung und Publizität Grundvoraussetzung für das **Funktionieren der Finanz- und Kapitalmärkte** ist.[163] So gesehen nutzen Abschlussprüfung und Abschlussprüfer (auch) den Informationsinteressen Dritter und sogar der „Öffentlichkeit" insgesamt. Aus dem Interesse der „Öffentlichkeit" an der gesetzlichen Abschlussprüfung und der Tätigkeit des (gesetzlichen) Abschlussprüfers lassen sich aber **keine Rechte einzelner Personen** im Sinne subjektiver Rechte ableiten. Deshalb gelten die gesetzlichen Bestimmungen über die Rechnungslegung[164] und die Jahresabschlussprüfung[165] nach unangefochtener Ansicht in Rechtsprechung und Lehre auch nicht als „**Schutzgesetze**" im Sinne des § 823 Abs. 2 BGB.

Aus der (auch) gesellschaftsübergreifenden („öffentlichen") Funktion des gesetzlichen Abschlussprüfers hat die Rechtsprechung bis heute auch keine anderen materiell- oder prozessrechtlichen Konsequenzen gezogen. Ungeachtet der Tatsache, dass Pflichtprüfer eine „außenstehende Kontrollinstanz mit öffentlicher Funktion" sind, üben sie nach Ansicht der Rechtsprechung und Lehre **kein „öffentliches Amt"** aus; sie sind auch keine Beliehenen, sondern üben einen freien Beruf (§ 1 Abs. 2 WPO) aus und werden aufgrund eines privatrechtlichen Rechtsverhältnisses mit der prüfungspflichtigen Gesellschaft tätig.[166] Ungeachtet der „öffentlichen Funktion" des Pflichtprüfers hat die Rechtsprechung – ganz im Einklang mit den Wertungen des Gesetzgebers in § 323 Abs. 1 Satz 3 HGB – aus dem Prüfungsauftrag zwischen dem Wirtschaftsprüfer und der prüfungspflichtigen Gesellschaft bis heute auch keine Ersatzpflicht des Pflichtprüfers für fahrlässig verursachte Vermögensschäden prüfungsvertragsfremder Personen abgeleitet.[167]

Aus der Beobachtung, dass Abschlussprüfer eine Tätigkeit (auch) im „öffentlichen Interesse" ausüben, lässt sich auch keine Schutzpflicht (Ne-

---

163 *Ebke*, WPK-Mitt. Sonderheft Juni 1997, 12, 20. Siehe auch BayObLG, Beschl. vom 12. 12. 2001, WPK-Mitt. 2002, 275, 275 (r. Sp.).
164 BGH, Urt. vom 10. 7. 1964, BB 1964, 1273 (l. Sp.); vgl. auch RG, Urt. vom 4. 2. 1910, RGZ 73, 30, 31.
165 Zu Einzelheiten MünchKommHGB-*Ebke*, § 323 RdNr. 77–83.
166 Siehe dazu oben S. 11.
167 *Ebke*, BFuP 2000, 549, 554–560; MünchKomm/HGB-*Ebke*, § 323 RdNr. 70 ff. Geschädigte Dritte sind auf das Deliktsrecht verwiesen, das derzeit in Pflichtprüfungsfällen aber keine Grundlage für Schadensersatzansprüche prüfungsvertragsfremder Dritter wegen fahrlässig verursachter Vermögensschäden bereithält: MünchKomm/HGB-*Ebke*, § 323 RdNr. 75–95.

benpflicht) konstruieren, die dem rechtsgeschäftlichen Schuldverhältnis zwischen dem Abschlussprüfer und seinem Auftraggeber – ähnlich wie Grundrechte oder sonstige verfassungsrechtliche Wertungen – allenfalls „über § 242 BGB zufließen" und dann auch noch Schutzwirkungen zugunsten prüfungsvertragsfremder Dritter entfalten könnte. Auf die (auch) gesellschaftsübergreifende („öffentliche") Funktion des Abschlussprüfers oder ähnliche „Bezugsgrößen" lässt sich eine zivilrechtliche Vorlegungspflicht nicht stützen, weil derartige „Bezugsgrößen" **richterliche Rechtschöpfung** nur begründen können, wenn unter den Beteiligten gemeinsame Überzeugungen über deren Inhalte bestehen.[168] Die Überzeugungskraft solcher „Bezugsgrößen" beruht dann aber nicht auf wissenschaftlicher Begründung, sondern auf einem schon vorhandenen Konsens, auf gemeinsamen Vorverständnissen, und gerade dieser Konsens, diese gemeinsamen Vorverständnisse bestehen angesichts der expliziten gesetzgeberischen Wertungen (vgl. insbesondere § 51 b Abs. 4 WPO, §§ 675, 667 BGB) und der darauf gestützten Berufspraxis in Deutschland (vgl. IDW PS 460) derzeit nicht.

4. Ergebnis: Keine rechtsgeschäft(sähn)liche Herausgabe- oder Vorlegungspflicht

Aus dem Vorstehenden folgt, dass im deutschen Recht eine prüfungsvertragliche Nebenpflicht im Sinne einer Schutzpflicht des Wirtschaftsprüfers, im Haftpflichtprozess dem beweisbelasteten Auftraggeber oder einem Dritten seine Arbeitspapiere vorzulegen, nicht besteht. Die Schutzpflichten im Sinne der §§ 241 Abs. 2, 242 BGB sind anders als die rechtsgeschäftlichen Leistungspflichten nicht auf die **Abwicklung („zur Erfüllung") des rechtsgeschäftlich vereinbarten „Obligationenprogramms"**, sondern auf die Abwendung der Verletzung schon erworbener Güter oder eines zurückzugebenden Gutes gerichtet.[169] Im Lichte der bisher aus § 242 BGB entwickelten Schutzpflichten haben Schuldner und Gläubiger eines rechtsgeschäftlichen Schuldverhältnisses ihr Verhalten so einzurichten, dass die bei der Abwicklung berührten Rechte, Rechtsgüter und Interessen des jeweils anderen Teils nicht verletzt werden. Dieser Zielrichtung der Schutzpflichten lässt sich die behauptete Pflicht des Prüfers zur Vorlegung seiner Arbeitspapiere im Haftpflichtprozess offensichtlich nicht unterordnen. Das deutsche Zivilprozessrecht kennt keine allgemeine Pflicht zur Gewährung von Einblick in für interne Zwecke gefertigte Unterlagen eines anderen bzw. zur Vorlegung solcher Unterlagen an den Auftraggeber oder gar an vertragsfremde Dritte; es ist

---

168 Siehe dazu noch näher unten S. 44–46 (zu § 62 WPO).
169 Vgl. *Ehmann/Sutschet*, Modernisiertes Schuldrecht, S. 69.

nicht Aufgabe der Gerichte, entgegen § 51 b Abs. 4 WPO mit Hilfe der §§ 241 Abs. 2, 242 BGB eine solche Pflicht auf materiellrechtlicher Ebene einzuführen.

III. Gesetzliche Herausgabe- oder Vorlegungspflichten

Zu prüfen bleibt, ob es andere Vorschriften des bürgerlichen Rechts im Sinne des § 422 ZPO gibt, die eine materiellrechtliche Pflicht des beklagten Wirtschaftsprüfers zur Vorlegung seiner Arbeitspapiere im Haftpflichtprozess begründen könnten (§ 422 ZPO).

1. Wirtschaftsprüferordnung

a) § 51 b Abs. 4 WPO

Es wurde bereits mehrfach darauf hingewiesen, dass § 51 b Abs. 4 WPO, der zu den Vorschriften des bürgerlichen Rechts im Sinne des § 422 ZPO gehört,[170] gerade *keine* Pflicht des Wirtschaftsprüfers zur Herausgabe seiner Arbeitspapiere begründet (nicht einmal an den Auftraggeber!) – und zwar für sämtliche Tätigkeiten des Wirtschaftsprüfers (vgl. § 2 WPO), also nicht nur für gesetzliche oder freiwillige Abschlussprüfungen. Herauszugeben sind allein (vorbehaltlich eines Zurückbehaltungsrechts des Wirtschaftsprüfers in bestimmten Fällen) die Handakten im engeren Sinne („**Mandantenunterlagen**"), zu denen die Arbeitspapiere nach dem eindeutigen Wortlaut des § 51 b Abs. 4 WPO nicht gehören.[171] Dem Gesetzgeber geht es ersichtlich darum, die nur „zu internen Zwecken gefertigten Arbeitspapiere" (§ 51 b Abs. 4 WPO) von der Herausgabepflicht gänzlich auszunehmen, und zwar unabhängig davon, ob der Auftraggeber die Arbeitspapiere im Zusammenhang mit den Rechtsfolgen des Prüfungsauftrags (z. B. Honorarrechnung) oder für Zwecke eines Rechtsstreits (z. B. Haftpflichtprozess) oder aus sonstigen Gründen herausverlangen möchte.

b) § 62 Satz 2 WPO

Aus § 62 Satz 2 WPO ergibt sich im Haftpflichtprozess ebenfalls keine Pflicht des beklagten Wirtschaftsprüfers zur Vorlegung seiner Arbeitspapiere an das Gericht oder einen beauftragten gerichtlichen Sachverständigen. Nach dem eindeutigen Wortlaut dieser Vorschrift besteht die Pflicht

---

170 Siehe oben S. 10.
171 Siehe oben S. 2.

des Wirtschaftsprüfers zur Vorlegung seiner „Handakten"[172] nur in Aufsichts- und Beschwerdesachen vor der Wirtschaftsprüferkammer und nur gegenüber den in dieser Vorschrift genannten Organen der Wirtschaftsprüferkammer bzw. einem beauftragten Organmitglied (vgl. für Steuerberater § 80 StBerG). Eine Erstreckung der Vorlegungspflicht gemäß § 62 Satz 2 WPO auf zivile Haftpflichtprozesse verbietet sich schon deshalb, weil wegen § 51 b Abs. 4 WPO, §§ 675 Abs. 1, 667, 810 BGB[173] keine „**Lücke im Gesetz**" im Sinne einer planwidrigen Unvollständigkeit des Gesetzes besteht,[174] die sich mit den herkömmlichen Mitteln der **Lückenausfüllung** (Analogie, Umkehrschluss, teleologische Reduktion, „Natur der Sache"/„Wesen" eines Rechtsinstituts oder „freie", „schöpferische" richterliche Normsetzung[175]) schließen ließe.

Eine **teleologische Extension** (als Spezialfall der Analogie) des § 62 Satz 2 WPO kommt ebenfalls nicht in Betracht, weil die teleologische Extension – wie jede über den Wortlaut hinausreichende „Auslegung" – eine Lückenfeststellung voraussetzt. Der Wortlaut des § 62 Satz 2 WPO greift schon deshalb nicht zu kurz, weil das Regelungsziel dieser – systematisch im vierten Teil der WPO („Organisation des Berufs") angesiedelten – Bestimmung, im öffentlichrechtlichen, die Organisation des Berufs der Wirtschaftsprüfer (§§ 57–66 WPO) betreffenden Aufsichts- und Beschwerdeverfahren vor der Wirtschaftsprüferkammer unter bestimmten Voraussetzungen einer eng begrenzten Gruppe von Personen Einblick in die Handakten des Wirtschaftsprüfers zu gestatten, bei buchstabengetreuer Anwendung erreicht wird und daher das für eine teleologische Extension erforderliche Spannungsverhältnis zwischen dem Wortlaut der Norm und ihrem Zweck nicht besteht. Die Erstreckung der Vorlegungspflicht gemäß § 62 Satz 2 WPO auf zivile Haftpflichtprozesse wäre **richterliche Normsetzung** („Ersatzgesetzgebung"), die nach den traditionellen Vorstellungen einer strikten Gewaltenteilung verfassungsrechtlich und verfassungspolitisch unzulässig ist (Art. 20 Abs. 2 Satz 2 GG).

Die Rechtsprechung kann sich nicht einmal auf den von *Roman Herzog* entwickelten Grundsatz der „**Staatsleitung zur gesamten Hand**" berufen, der eine Ausfüllung von Rechtslücken durch die rechtsprechende Gewalt rechtfertigen kann, wenn sich die Gerichte aufgrund der Untätigkeit oder Verzögerung der Gesetzgebung vor umfangreiche gesetzesleere

---

172 Zum Begriff der „Handakten" im Sinne des § 62 Satz 2 WPO siehe oben Fn. 18.
173 Zu Einzelheiten der §§ 675 Abs. 1, 667, 810 BGB siehe unten S. 47–52.
174 Zu Begriff und Arten von Lücken im Gesetz siehe nur *Rüthers*, Rechtstheorie, S. 462–476.
175 Siehe dazu *Rüthers*, Rechtstheorie, S. 489–497.

Räume gestellt sehen.¹⁷⁶ Denn es besteht hier keine Rechtslücke, weil die Herausgabefrage in § 51 b Abs. 4 WPO gesetzlich geregelt ist. Gerichte dürfen sich zur Begründung einer Pflicht zur Vorlegung von Arbeitspapieren des Wirtschaftsprüfers im Haftpflichtprozess auch nicht auf eine angeblich in § 62 Satz 2 WPO zum Ausdruck kommende „Rechtsidee", den Grundsatz der **„Gerechtigkeit"** oder ähnliche „Bezugsgrößen" stützen,¹⁷⁷ weil sie richterliche Normsetzung nur begründen können, wenn unter den Beteiligten gemeinsame Überzeugungen über deren Inhalte bestehen. Ihre Überzeugungskraft beruht dann aber nicht auf wissenschaftlicher Begründung, sondern auf einem schon vorhandenen Konsens, auf gemeinsamen Vorverständnissen.¹⁷⁸

Eine Pflicht zur Vorlegung der Arbeitspapiere lässt sich im Lichte der §§ 51 b Abs. 4, 62 Satz 2 WPO auch nicht unter Berufung auf die **„Natur der Sache"** herleiten.¹⁷⁹ Der Gesetzgeber hat den Lebenssachverhalt „Vorlegung der Arbeitspapiere des Wirtschaftsprüfers" für das zivilrechtliche Verhältnis des Prüfers zu seinem Auftraggeber abschlägig geregelt (§ 51 b Abs. 4 WPO; vgl. auch §§ 675 Abs. 1, 667, 810 BGB), eine Vorlegungspflicht für den besonderen öffentlich-organisationsrechtlichen Fall des Aufsichts- und Beschwerdeverfahrens vor der Wirtschaftsprüferkammer hingegen bejaht (§ 62 Satz 2 WPO). Sämtliche Versuche, unter Berufung auf die „Natur der Sache" aus den vorhandenen Vorlegungsregelungen eine konkrete Sollvorschrift für zivile Haftpflichtprozesse abzuleiten, ist jedenfalls wissenschaftstheoretisch unhaltbar.¹⁸⁰

c) Ergebnis

Nach alledem lässt sich aus der Wirtschaftsprüferordnung eine materiellrechtliche Herausgabe- oder Vorlegungspflicht des beklagten Wirtschaftsprüfers im Sinne des § 422 ZPO nicht ableiten.

2. Bürgerliches Gesetzbuch

Fraglich ist, ob die sonderprivatrechtliche Norm des § 51 b Abs. 4 WPO, wonach eine Pflicht des Wirtschaftsprüfers zur Herausgabe oder Vorle-

---

176 Siehe dazu auch *Ebke/Fehrenbacher*, in: Festschrift für Geiss, S. 571, 592.
177 Vgl. *Rüthers*, Rechtstheorie, S. 502 („Niemand kann ihnen etwas anderes entnehmen, als das, was er zuvor in sie hineingedacht hat").
178 Vgl. *Rüthers*, Rechtstheorie, S. 503.
179 Zur „Natur der Sache" als angeblicher Rechtsquelle mit Recht kritisch *Rüthers*, Rechtstheorie, S. 505–510; *Kaufmann*, Grundprobleme, S. 35–36; *Esser*, Grundsatz und Norm, S. 103 ff.
180 Vgl. auch die grundsätzliche Kritik an der „Zauberformel der Natur der Sache" bei *Rüthers*, Rechtstheorie, S. 506–507.

gung seiner Arbeitspapiere nicht besteht, einen Rückgriff auf Normen des bürgerlichen Rechts, die eine materiellrechtliche Herausgabe- oder Vorlegungspflicht des Prüfers begründen könnten, überhaupt noch zulässt. Es könnte nämlich eine normenverdrängende Konkurrenz zwischen § 51 b Abs. 4 WPO (*lex specialis*) und anderen Herausgabe- oder Vorlegungspflichten begründenden Normen des Zivilrechts bestehen, weil im Verhältnis von Wirtschaftsprüfer und Auftraggeber § 51 b Abs. 4 WPO als **spezialgesetzliche Regelung** für einen besonderen Lebensbereich, nämlich den Bereich der beruflichen Tätigkeiten eines Wirtschaftsprüfers (§ 2 WPO), eine Herausgabe- oder Vorlegungspflicht des Wirtschaftsprüfers verneint, wohingegen einige Vorschriften des bürgerlichen Rechts – jedenfalls unter bestimmten Voraussetzungen – eine Herausgabe- oder Vorlegungspflicht in bestimmten Fällen gewähren.

Es wurde bereits ausgeführt, dass alles dafür spricht, dass § 51 b Abs. 4 WPO eine abschließende Regelung darstellt, die die allgemeinen Vorschriften des materiellen Rechts über die Herausgabe oder die Vorlegung von Arbeitspapieren verdrängt (**normenverdrängende Konkurrenz**).[181] Demnach wäre ein Rückgriff auf die allgemeinen Vorschriften des bürgerlichen Rechts über die Herausgabe oder die Vorlegung von Urkunden (§ 422 ZPO) definitiv versperrt. Die Frage nach der Konkurrenz zwischen § 51 b Abs. 4 WPO und den allgemeinen Vorschriften des bürgerlichen Rechts kann hier im Ergebnis allerdings offen bleiben, weil die Voraussetzungen, unter denen das BGB eine materiellrechtliche Pflicht zur Herausgabe oder Vorlegung von Urkunden begründet, in den hier interessierenden Fällen nicht erfüllt sind.

a) Überblick

Zu den in § 422 ZPO genannten Vorschriften des bürgerlichen Rechts, die eine materiellrechtliche Pflicht auf Herausgabe oder Vorlegung von Urkunden begründen können, zählen insbesondere § 371 BGB (Rückgabe des Schuldscheins), § 402 BGB (Pflicht des bisherigen Gläubigers zur Auslieferung der zum Beweis der Forderung dienenden Urkunde) und §§ 896, 1145 BGB (Vorlegung des Hypotheken-, Grundschuld- oder Rentenschuldbriefs). Diese Bestimmungen sind in casu offensichtlich nicht einschlägig.

---

181 Zu den Problemen im Zusammenhang mit dem Zusammentreffen (Konkurrenz) mehrerer Rechtssätze oder Regelungen siehe allgemein *Larenz/Canaris*, Methodenlehre, S. 88–89; *Zippelius*, Juristische Methodenlehre, S. 36–41.

b) §§ 675 Abs. 1, 667 BGB

Eine weitere Vorschrift des bürgerlichen Rechts im Sinne des § 422 ZPO ist § 667 BGB, der zwar grundsätzlich abdingbar ist, in Verträgen zwischen einem Wirtschaftsprüfer und seinem Auftraggeber aber jedenfalls dann nicht abbedungen ist, wenn dem Vertrag die Allgemeinen Auftragsbedingungen für Wirtschaftsprüfer und Wirtschaftsprüfungsgesellschaften beigefügt sind.[182] Nach § 667 BGB ist der Beauftragte verpflichtet, dem Auftraggeber alles, was er zur Ausführung des Auftrags erhält und was er aus der Geschäftsbesorgung erlangt, herauszugeben. Voraussetzung der (nicht synallagmatischen) Herausgabepflicht nach § 667 BGB ist, dass der Wirtschaftsprüfer aufgrund eines wirksamen Auftrags etwas **„zur Ausführung des Auftrags"** erhalten hat oder etwas **„aus der Geschäftsbesorgung"** erlangt hat. Die Herausgabepflicht trägt der Besonderheit des Auftrags Rechnung, dass dessen Durchführung im Interesse des Auftraggebers liegt, und umfasst alles (z. B. Bücher, Schriften, Unterlagen, Protokolle etc.), was der Beauftragte in einem inneren Zusammenhang mit dem Auftrag, d. h. *zu* (§ 667 1. Variante BGB) oder *aus* (§ 667 2. Variante BGB) dessen Ausführung erhalten und nicht zu deren ordnungsmäßiger Ausführung verbraucht hat.[183]

Die Herausgabepflicht besteht unabhängig von der Person, von welcher der Beauftragte etwas erlangt hat. Es kann sowohl der Auftraggeber als auch ein Dritter (z. B. ein verbundenes Unternehmen des Auftraggebers) sein, wobei es gleichgültig ist, ob der Dritte dem Beauftragten etwas auf Veranlassung seines Auftraggebers gegeben oder ob der Beauftragte etwas (z. B. eine Saldenbestätigungs- oder Vollständigkeitserklärung[184]) von dem Dritten bei der Durchführung des Auftrags erlangt hat.[185] Seine Arbeitspapiere hat der Wirtschaftsprüfer offensichtlich weder „zur Ausführung des Auftrags" erhalten noch „aus der Geschäftsbesorgung" erlangt (§ 667 BGB). Arbeitspapiere werden vielmehr vom Wirtschaftsprüfer zu eigenen internen Zwecken selbst angelegt (§ 51 b Abs. 4 WPO) und sind daher **keine „Mandantenunterlagen"**. Eine Pflicht des Wirtschaftsprüfers, im Haftpflichtprozess seine Arbeitspapiere vorzulegen, lässt sich demnach aus § 667 BGB nicht herleiten.

---

182 Siehe Ziffer 15 AAB vom 1. 1. 2002.
183 Hk-BGB/*Schulze*, § 667 RdNr. 2.
184 Siehe dazu MünchKommHGB-*Ebke*, § 317 RdNr. 30–31.
185 Der Behebung von Unklarheiten über das von dem Beauftragten aus der Geschäftsführung Erlangte dient die Auskunfts- und Rechenschaftspflicht des Beauftragten nach § 666 BGB. Siehe dazu BGH, Urt. vom 30. 11. 1989, BGHZ 109, 260, 266 (betr. Handakten des Rechtsanwalts).

c) § 810 BGB

In Betracht kommt ferner eine Herausgabepflicht gemäß § 810 BGB. Diese Vorschrift begründet einen materiellrechtlichen Anspruch auf Einsicht in Urkunden, sofern nur der Anspruchsteller an dem beurkundeten Rechtsverhältnis in bestimmter Weise beteiligt war und an der Einsicht ein rechtliches Interesse hat.[186] Mit diesem Anspruch korrespondiert auf Seiten der anderen Vertragspartei eine Pflicht zur Gewährung der Einsichtnahme. Der BGH hat dem § 810 BGB einen vergleichsweise engen Anwendungsbereich zugewiesen. Ein **„rechtliches Interesse"**, das in § 810 BGB gefordert wird, besteht nämlich nach Ansicht des BGH nicht, wenn die Einsichtnahme lediglich dazu dienen soll, Unterlagen für die Rechtsverfolgung des Anspruchstellers zu beschaffen. Das Vorlegungsverlangen darf nach Meinung des BGH nicht zu einer **unzulässigen Ausforschung** führen. Daher greift § 810 BGB nicht ein, wenn jemand, der für einen Schadensersatzanspruch gegen den Urkundenbesitzer an sich darlegungs- und beweispflichtig ist, sich durch die Urkundeneinsicht zusätzlich Kenntnisse verschaffen und erst auf diese Weise Anhaltspunkte für ein pflichtwidriges Verhalten des Beklagten ermitteln will.[187] Bei näherem Hinsehen ergibt sich außerdem, dass in den hier untersuchten Fällen auch keiner der drei in § 810 BGB genannten Fälle vorliegt, aus denen sich eine Pflicht des beklagten Prüfers auf Vorlegung oder Herausgabe seiner Arbeitspapiere an das Gericht oder einen beauftragten gerichtlichen Sachverständigen ableiten lässt.

aa) § 810, 1. Fall BGB

Man kann schon darüber streiten, ob die Arbeitspapiere des Wirtschaftsprüfers eine **„Urkunde"** im Sinne des § 810 BGB darstellen. Nach § 810 BGB sind nur Urkunden rechtsgeschäftlichen Inhalts vorzulegen.[188] Schriftliche Niederlegungen über rechtsgeschäftliche Vereinbarungen zwischen dem Prüfer und seinem Auftraggeber enthalten Arbeitspapiere typischerweise nicht.[189] In seinen Arbeitspapieren dokumentiert der Ab-

---

186 Zum „rechtlichen Interesse" siehe zuletzt LG Bonn, Urt. vom 3. 7. 2001, NJW 2003, 3261, 3261–3262.
187 BGH, Urt. vom 30. 11. 1989, BGHZ 109, 260, 267 (betr. anwaltliche Handakten).
188 Vgl. BGH, Urt. vom 6. 11. 1962, JZ 1963, 369 mit zustimmender Anmerkung von *Steindorff*.
189 Ein Herausgabeanspruch bezüglich des Schriftwechsels zwischen dem Wirtschaftsprüfer und seinem Auftraggeber wird sich regelmäßig ohnehin erübrigen, weil der Auftraggeber diese Schriftstücke bereits in Urschrift bzw. Abschrift besitzen wird (vgl. auch § 51 b Abs. 4 WPO; Ziffer 15 Abs. 2 AAB vom 1. 1. 2002).

schlussprüfer vielmehr üblicherweise Informationen über die Prüfungsplanung, die Prüfungshandlungen, die Prüfungsfeststellungen und die Ableitung des Prüfungsergebnisses.[190] Der Prüfungsauftrag und die Auftragsbestätigung sowie die Auftragsbedingungen werden regelmäßig an anderer Stelle (z. B. in den **Dauerakten**) aufbewahrt.[191] Jedenfalls ist weder der Auftraggeber des Wirtschaftsprüfers noch ein Dritter aufgrund von § 810, 1. Fall BGB berechtigt, Einsichtnahme in die Arbeitspapiere des Prüfers zu verlangen, weil die Arbeitspapiere nicht „im Interesse" des Auftraggebers und auch nicht im Interesse Dritter aufgestellt worden sind. Die Arbeitspapiere werden nach § 51b Abs. 4 WPO vielmehr zu „internen Zwecken", also für Zwecke des Wirtschaftsprüfers selbst gefertigt.

bb) § 810, 2. Fall BGB

§ 810, 2. Fall BGB erfasst Fälle, in denen in der Urkunde ein zwischen dem Anspruchsteller und dem Anspruchsgegner bestehendes Rechtsverhältnis „**beurkundet**" ist. Dazu gehören u. a. die Vertragsurkunde, Schuldscheine, Quittungen und Rechnungen.[192] Die Arbeitspapiere des Abschlussprüfers enthalten solche Unterlagen nach der Berufsübung nicht.[193] Arbeitspapieren kommt daher **kein Beurkundungswert** für den Prüfungsauftrag und seine Rechtsfolgen zu. Eine Pflicht des Wirtschaftsprüfers zur Herausgabe der Arbeitspapiere nach § 810, 2. Fall BGB entfällt daher.

cc) § 810, 3. Fall BGB

Von dem 3. Fall des § 810 BGB werden die dem Rechtsgeschäft vorausgegangenen Verhandlungen erfasst. Zu den „**Urkunden**", die die Verhandlungen über den Prüfungsauftrag enthalten können, gehören (je nach Zustandekommen des Prüfungsvertrags) insbesondere:[194]

– das Auftragserteilungsschreiben der prüfungspflichtigen Gesellschaft

– das Auftragsbestätigungsschreiben des Wirtschaftsprüfers[195]

– das um zusätzliche Bestandteile für den Auftragsinhalt erweiterte Annahmeschreiben des Wirtschaftsprüfers (vgl. § 150 Abs. 2 BGB)

---

190 IDW PS 460.12; IDW PH 9.140 Anhang 5, Ziff. 41–48. Siehe auch *Niemann*, BeckStbHb, S. 634; *Bischof*, HWB, S. 98; *Leffson*, Wirtschaftsprüfung, S. 293–294; *Egner*, Betriebswirtschaftliche Prüfungslehre, S. 195–196.
191 Siehe auch WP-Handbuch 2000, Bd. I, S. 1851; *Marten/Quick/Ruhnke*, Wirtschaftsprüfung. S. 314.
192 Weitere Beispiele bei *Palandt/Sprau*, § 810 RdNr. 6.
193 Vgl. IDW PS 460.12 – 460.13.
194 Vgl. IDW PS 220.7.
195 Zu möglichen weiteren Hinweisen in Auftragsbestätigungsschreiben siehe IDW PS 220.21 – 220.22.

– das vom Auftraggeber gegengezeichnete Annahmeschreiben des Wirtschaftsprüfers

– ggfs. das Angebotsschreiben des Wirtschaftsprüfers, das dieser nach entsprechender Aufforderung vor der Wahl zum Abschlussprüfer abgesandt hat

– sonstiger Schriftverkehr der Parteien oder Korrespondenz mit einem Vermittler, soweit es sich nicht um Aufzeichnungen eines Beteiligten für seine persönlichen Zwecke oder um bloße Notizen zur Vorbereitung von Vertragsverhandlungen handelt[196]

– später vereinbarte Erweiterungen des Prüfungsauftrags[197]

– ergänzende Vereinbarungen im Falle einer Nachtragsprüfung[198]

– Ergänzungen des Prüfungsauftrags durch zusätzliche Auftragsinhalte, die über den Rahmen des gesetzlichen Prüfungsauftrages hinausgehen[199].

Die vorstehenden Schriftstücke wird der Auftraggeber regelmäßig bereits in **Urschrift oder Abschrift** in seinem Besitz haben, weil der Vertrag über die Prüfung (Prüfungsauftrag) „aus Nachweisgründen" nach ständiger

---

[196] Vgl. HK-BGB/*Schulze*, § 810 RdNr. 2; vgl. BGH, Urt. vom 30. 11. 1989, BGHZ 109, 260, 265.

[197] Zur Unterscheidung zwischen *Erweiterungen* des Prüfungsauftrags (d. h. Festlegungen von Einzelheiten über die Art und Weise der tatsächlichen, rechtlichen und sonstigen Ermittlungen, die der Prüfer im Rahmen der gesetzlichen Abschlussprüfung durchzuführen hat) und *Ergänzungen* des Prüfungsauftrags (d. h. Vereinbarungen über zusätzliche Prüfungsinhalte, die über den Rahmen des gesetzlichen Prüfungsauftrags hinausgehen – z. B. die Durchführung einer Geschäftsführungsprüfung, die Aufdeckung und Aufklärung strafrechtlicher Tatbestände wie Untreuehandlungen, Unterschlagungen oder Betrug oder die Feststellung außerhalb der Rechnungslegung begangener Ordnungswidrigkeiten) siehe MünchKommHGB-*Ebke*, § 323 RdNr. 14; IDW PS 220.20.

[198] Vgl. IDW PS 220.17. Zu Einzelheiten der Nachtragsprüfung siehe MünchKommHGB-*Ebke*, § 316 RdNr. 15–21 und BeckBilKomm-*Förschle/Küster*, § 316 RdNr. 42–50.

[199] Zur Unterscheidung zwischen *Ergänzungen* des Prüfungsauftrags (d. h. Vereinbarungen über zusätzliche Prüfungsinhalte, die über den Rahmen des gesetzlichen Prüfungsauftrags hinausgehen – z. B. die Durchführung einer Geschäftsführungsprüfung, die Aufdeckung und Aufklärung strafrechtlicher Tatbestände wie Untreuehandlungen, Unterschlagungen oder Betrug oder die Feststellung außerhalb der Rechnungslegung begangener Ordnungswidrigkeiten) und *Erweiterungen* des Prüfungsauftrags (d. h. Festlegungen von Einzelheiten über die Art und Weise der tatsächlichen, rechtlichen und sonstigen Ermittlungen, die der Prüfer im Rahmen der gesetzlichen Abschlussprüfung durchzuführen hat) siehe MünchKommHGB-*Ebke*, § 323 RdNr. 14; IDW PS 220.20.

Berufsübung in der Regel schriftlich abgefasst wird,[200] so dass sich von daher schon eine Herausgabepflicht des Abschlussprüfers erübrigt (vgl. § 51 b Abs. 4 WPO; Ziffer 15 Abs. 2 ABB vom 1. 1. 2002).

Weitergehende Ansprüche lassen sich aus § 810, 3. Fall BGB nicht herleiten. Der Herausgabeanspruch gemäß § 810, 3. Fall BGB ist inhaltlich begrenzt auf Urkunden, die die dem Rechtsgeschäft (Prüfungsauftrag) **vorausgegangenen Verhandlungen** betreffen, und diese begrenzte Vorlegungsberechtigung setzt gemäß § 810 BGB – im Unterschied zu § 809 BGB – darüber hinaus noch ein rechtliches Interesse des Anspruchstellers an der Einsicht voraus. Der Anspruchsteller muss dazu nachweisen, dass die Einsicht in die Urkunden über die dem Abschluss des Prüfungsauftrages vorausgegangenen Verhandlungen zur Förderung, Erhaltung oder Verteidigung rechtlich geschützter Interessen benötigt wird.[201] Angesichts der Tatsache, dass § 810, 3. Fall BGB für das Einsichtsrecht in Urkunden, die die Verhandlungen eines Rechtsgeschäfts betreffen, derart hohe Hürden aufstellt, verbietet es sich, die Herausgabepflicht über den eindeutigen Wortlaut des § 810, 3. Fall BGB hinaus auszudehnen und der beweisbelasteten Partei dadurch Zugriff auf eine vom Prüfer selbst erstellte Dokumentation zu eröffnen, die nach § 51 b Abs. 4 WPO internen Zwecken des Wirtschaftsprüfers dienen soll und nicht an den Auftraggeber, geschweige denn an einen Dritten herausgegeben werden muss (§ 51 b Abs. 3 und 4 WPO).

dd) Ergebnis

Aus § 810 BGB ergibt sich nach alledem keine Pflicht des beklagten Wirtschaftsprüfers, dem Gericht oder einem beauftragten gerichtlichen Sachverständigen die Arbeitspapiere vorzulegen (§ 422 ZPO).

3. Handelsgesetzbuch

Zu den eine Herausgabe- oder Vorlegungspflicht begründenden Vorschriften des bürgerlichen Rechts im weiteren Sinne (§ 422 ZPO) gehören außerdem § 118 HGB (Kontrollrecht der Gesellschafter), § 156 HGB (Überwachungsrecht bis zur Beendigung der Liquidation), § 166 Abs. 1 HGB (Kontrollrecht des Kommanditisten) und §§ 258–261 HGB (Vorlegung von Handelsbüchern). Die Voraussetzungen der genannten Vorschriften liegen im vorliegenden Fall aber ersichtlich nicht vor. Sie enthalten auch

---

200 Vgl. IDW PS 220.6.
201 Vgl. BGH, Urt. vom 8. 4. 1981, NJW 1981, 1733 (betr. die Voraussetzungen und Grenzen des Akteneinsichtsrechts eines Stipendiaten in die über ihn geführten Akten eines eingetragenen Vereins als Stipendiengeber).

keinen **verallgemeinerungsfähigen Rechtsgedanken**, der eine entsprechende Anwendung auf Arbeitspapiere rechtfertigen könnte.[202]

Von besonderer Bedeutung im Rahmen des Handelsrechts sind die Vorschriften der §§ 316 ff. HGB über die Pflichtprüfung bestimmter Gesellschaften. Eine Pflicht des gesetzlichen Abschlussprüfers zur Dokumentation der Prüfungshandlungen ist in den §§ 316 ff. HGB jedoch nicht ausdrücklich niedergelegt. Der deutsche Gesetzgeber hat – wie die Gesetzgeber nahezu aller Industrieländer – seit Einführung der Pflichtprüfung im Jahre 1931 bewusst davon abgesehen, die Anforderungen an die eigentlichen Prüfungshandlungen und an das sonstige Verhalten (einschließlich der Dokumentation von Prüfungshandlungen) gesetzlich zu konkretisieren. Der Gesetzgeber hat vielmehr in **unbestimmten Rechtsbegriffen** („gewissenhafte", „sorgfältige" und „unparteiische" Prüfung[203]) Zuflucht gesucht und deren Konkretisierung letztlich den Gerichten überlassen. Der deutsche Gesetzgeber war sich darüber im Klaren, dass es unmöglich ist, alle Fragen, die mit der Vorbereitung, Planung und Durchführung einer Jahresabschlussprüfung sowie die Berichterstattung über das Ergebnis der Prüfung zusammenhängen, gesetzlich zu regeln. Im Übrigen erschien es nicht zweckmäßig, die Fortentwicklung bestehender und Entwicklung neuer Prüfungsgrundsätze durch starre gesetzliche Regeln zu hemmen.[204]

Bei der Auslegung und Anwendung des Gebots der „sorgfältigen" Abschlussprüfung ist freilich zu bedenken, dass der Gesetzgeber die Frage der **Dokumentationspflicht** und der materiellrechtlichen Pflicht zur Herausgabe bzw. Vorlegung der Arbeitspapiere in § 51 b WPO **abschließend geregelt** hat. Diese Bestimmung hat das Gericht bei der inhaltlichen Konkretisierung des Tatbestandsmerkmals der „sorgfältigen" Prüfung zu berücksichtigen. Daher ergibt sich aus den §§ 316 ff. HGB weder ausdrücklich noch im Wege der „Auslegung" eine materiellrechtliche Pflicht des Abschlussprüfers, im Haftpflichtprozess seine Arbeitspapiere vorzulegen.

4. Aktiengesetz

Aus dem Aktiengesetz ergibt sich erwartungsgemäß ebenfalls keine Pflicht des beklagten Wirtschaftsprüfers, im Haftpflichtprozess dem Gericht oder einem beauftragten gerichtlichen Sachverständigen seine Arbeitspapiere vorzulegen. Die Auskunfts- und Einsichtspflichten begrün-

---

202 Zu den methodischen Fragen siehe schon oben S. 44–46 (zu § 62 WPO).
203 §§ 323 Abs. 1 Satz 1, 317 Abs. 1 Satz 3, 320 Abs. 2 Satz 1 und 3 HGB.
204 Vgl. MünchKommHGB-*Ebke*, § 323 RdNr. 21.

denden Bestimmungen des Aktiengesetzes[205] sind weder unmittelbar anwendbar noch analogiefähig.

C. Prozessrechtliche Folgen

Nach den vorstehenden Ausführungen besteht *keine materiellrechtliche Pflicht* des beklagten Wirtschaftsprüfers, im Haftpflichtprozess des Auftraggebers oder eines Dritten seine Arbeitspapiere vorzulegen. Das Gericht darf daher bei förmlichem Urkundenbeweisantritt der beweisbelasteten Partei nicht anordnen, dass der beklagte Wirtschaftsprüfer dem Gericht oder einem beauftragten Sachverständigen seine Arbeitspapiere vorlegt (§ 422 ZPO).[206] Da eine materiellrechtliche Vorlegungspflicht nicht besteht, darf das Gericht aus der Nichtvorlegung der Arbeitspapiere prozessual **keine nachteiligen Schlussfolgerungen zu Lasten des beklagten Wirtschaftsprüfers** ziehen. Das Gericht darf insbesondere die Tatsache, dass der beklagte Wirtschaftsprüfer der Vorlegungsanordnung des Gerichts nicht Folge leistet, nicht im Rahmen der §§ 427, 286 ZPO zu Lasten des Beklagten würdigen und zu dem Ergebnis gelangen, dass die seitens des beweisbelasteten Klägers behaupteten Pflichtverletzungen des beklagten Wirtschaftsprüfers als bewiesen gelten. Hat das Gericht die Vorlegung angeordnet und leugnet der beklagte Wirtschaftsprüfer eine materiellrechtliche Vorlegungspflicht (§ 422 ZPO), so muss darüber entschieden werden (§ 425 ZPO). Liegt der Wirtschaftsprüfer dem Gericht die Arbeitspapiere vor, kann der beweisführende Gegner nur mit Zustimmung des Wirtschaftsprüfers auf dieses Beweismittel verzichten (§ 436 ZPO). Sind die Arbeitspapiere von einer Partei in der Absicht, ihre Benutzung dem Gegner zu entziehen, beseitigt oder zur Benutzung untauglich gemacht, so können die Behauptungen des Gegners über den Inhalt der Urkunde als bewiesen angesehen werden (§ 444 ZPO).

---

205 Siehe etwa § 131 AktG (Auskunftsrecht des Aktionärs); § 170 AktG (Vorlage an den Aufsichtsrat); § 175 Abs. 2 AktG (Einsichtsrecht des Aktionärs).
206 Siehe *Becht*, Einführung, S. 210 („... jedoch zu beachten, dass zunächst eine Vorlagepflicht bestehen muss.").

Zweites Kapitel:
Anordnung der Urkundenvorlegung gemäß §§ 142, 144 ZPO

Da die beweisbelastete Partei im Schadenshaftpflichtprozess gegen den Wirtschaftsprüfer mangels Vorliegens der Voraussetzungen für eine gerichtliche Anordnung der Vorlegung der Arbeitspapiere nach §§ 422, 423 ZPO die Beweisaufnahme nicht herbeiführen kann, hängt die Verfügbarkeit der Arbeitspapiere als Beweismittel ausschließlich davon ab, ob das Gericht die Vorlegung der Arbeitspapiere nach § 142 Abs. 1 Satz 1 ZPO (ggfs. zur Begutachtung durch Sachverständige, § 144 Abs. 1 Satz 1 ZPO) von sich aus anordnen kann.[207]

A. § 142 ZPO

Nach § 142 Abs. 1 Satz 1 ZPO kann das Gericht anordnen, „dass eine Partei oder ein Dritter die in ihrem oder seinem Besitz befindlichen Urkunden und sonstigen Unterlagen, auf die sich eine Partei bezogen hat, vorlegt".[208] § 142 Abs. 1 Satz 1 ZPO regelt (wie § 139 ZPO) **Maßnahmen der materiellen Prozessleitung** durch das Gericht: Um sich möglichst frühzeitig einen umfassenden Überblick über den Prozessstoff verschaffen und das Parteivorbringen zutreffend verstehen zu können, kann das Gericht von Amts wegen, also ohne förmlichen Beweisantritt nach §§ 420 ff. ZPO die Vorlegung von Urkunden oder ähnlichen Unterlagen anordnen.[209] Die **Anordnung der Urkundenvorlegung** nach § 142 Abs. 1 Satz 1 ZPO dient darüber hinaus als die Beweisaufnahme vorbereitende Maßnahme wohl auch zur Aufklärung des streitigen Sachverhalts. Die

---

207 Zur intertemporalen Anwendbarkeit der §§ 142, 144 ZPO n. F. siehe § 26 EGZPO.
208 Die Arbeitspapiere des beklagten Wirtschaftsprüfers werden sich in den seltensten Fällen in den Händen eines Dritten (z. B. Schadenshaftpflichtversicherer) im Sinne von § 142 Abs. 1 Satz 1 ZPO befinden. Umgekehrt wird der Wirtschaftsprüfer selten „Dritter" im Sinne des § 142 Abs. 1 Satz 1 ZPO sein, zumal nach deutschem Recht angesichts des versicherungsrechtlichen Trennungsprinzips ein Direktanspruch des Geschädigten gegen den Berufshaftpflichtversicherer des Wirtschaftsprüfers grundsätzlich nicht besteht.
209 Unter den Begriff der „sonstigen Unterlagen" in § 142 Abs. 1 Satz 1 ZPO fallen auch elektronisch gespeicherte Unterlagen. Siehe *Stadler*, in: Musielak, ZPO, § 142 RdNr. 2; *Uhlenbruck*, NZI 2002, 589, 590. Daher könnte § 142 Abs. 1 Satz 1 ZPO nach seinem Wortlaut auch solche Arbeitspapiere erfassen, die im Einklang mit § 51 b Abs. 5 WPO in elektronischer Form angelegt bzw. aufbewahrt werden.

Vorlegung kann durch Beschluss des Gerichts oder vorbereitende Verfügung des Vorsitzenden gemäß § 273 Abs. 2 Nr. 5 ZPO angeordnet werden.[210] Die betreffenden Urkunden bzw. sonstigen Unterlagen werden **Gegenstand der Beweiswürdigung**.[211]

Nach dem Wortlaut des § 142 Abs. 1 ZPO ist Voraussetzung für die Anordnung der Urkundenvorlegung lediglich, dass sich *eine* Partei auf die Urkunde oder sonstigen Unterlagen bezogen hat.[212] Daher kann der beklagte Wirtschaftsprüfer als Prozessgegner der beweisbelasteten Partei nach § 142 Abs. 1 Satz 1 ZPO zur Vorlegung von Urkunden verpflichtet werden, auch wenn er sich selbst im Prozess auf diese Unterlagen nicht bezogen hat. Auf eine eigene Bezugnahme kommt es im Rahmen des § 142 Abs. 1 Satz 1 ZPO ebenso wenig an wie auf eine materiellrechtliche Vorlagepflicht (wie im Rahmen des § 422 ZPO). Die Anordnung nach § 142 Abs. 1 Satz 1 ZPO kann sich gleichermaßen an die beweisführende Partei wie an den Prozessgegner richten, weil § 142 Abs. 1 Satz 1 ZPO nach seinem Wortlaut nicht nach der Beweislast differenziert.

B. § 144 ZPO

Im Interesse einer effizienten Prozessleitung gibt § 144 Abs. 1 Satz 1 ZPO dem Gericht außerdem die Möglichkeit, sich die zum rechten Verständnis des Parteivorbringens erforderliche Anschauung oder Sachkunde mit Hilfe einer **Begutachtung durch Sachverständige** von Amts wegen zu verschaffen. Zu diesem Zweck kann das Gericht einer Partei (oder einem Dritten) die Vorlegung eines in ihrem Besitz befindlichen Gegenstandes aufgeben. Die Anordnung steht im Ermessen des Gerichts.[213] Parteivereinbarungen können die Anordnung nicht ausschließen.[214] Das Gericht muss nach zutreffender Ansicht allerdings der **Parteiherrschaft** insoweit Rechnung tragen, als es vorab gemäß § 139 ZPO klärt, ob (und ggfs. warum nicht) die beweisbelastete Partei die Initiative ergreift. Es ist außerdem anerkannt, dass Beweiserhebungen von Amts wegen nicht allein deshalb angeordnet werden sollten, weil die beweisbelastete Partei den ihr für ihren Beweisantritt auferlegten Auslagenvor-

---

210 Zu den möglichen Rechtsmitteln siehe *Uhlenbruck*, NZI 2002, 589, 590.
211 *Lüpke/Müller*, NZI 2002, 588 (sub II).
212 Welche Anforderungen letztlich an die Bezugnahme zu stellen sind, ist offen. Zur alten Fassung siehe etwa *Prütting*, NJW 1980, 361, 363. Zur neuen Fassung siehe *Uhlenbruck*, NZI 2002, 589, 590 („Aktenordner").
213 *Becht*, Einführung, S. 202–203; *Zekoll/Bolt*, NJW 2002, 3129, 3131. Vgl. BGH, Urt. vom 4. 2. 1976, BGHZ 66, 62, 68.
214 *Greger*, in: Zöller, ZPO, § 144 RdNr. 2.

schuss (§ 379 ZPO) nicht eingezahlt hat.[215] Etwas anderes konnte nach altem Recht gelten, wenn der Beweisführer sein Unvermögen darlegte oder das von Amts wegen einzuholende Gutachten auch im Interesse der anderen Partei für eine sachgerechte Entscheidung unentbehrlich erschien.[216]

C. Auslegung und Anwendung

Die §§ 142, 144 ZPO n. F. berechtigen das Gericht allerdings nicht grenzenlos zur Beweiserhebung von Amts wegen.

I. Grenzen

Um nicht in Widerstreit mit der **Verhandlungsmaxime (Beibringungsgrundsatz)** zu geraten,[217] darf die Vorlegungsanordnung des Gerichts nach § 142 Abs. 1 Satz 1 ZPO insbesondere nicht zur **Ausforschung** nicht vorgetragener Sachverhaltselemente führen.[218] Entsprechendes gilt für § 144 ZPO: Die Vorlegungsanordnung gemäß § 144 Abs. 1 Satz 2 ZPO ist ermessensfehlerhaft, wo ein entsprechender Beweisantrag (z. B. als Ausforschungsbeweis) zurückzuweisen wäre.[219] Ausforschungsbeweise sind Beweisanträge, die darauf abzielen, bei Gelegenheit der beantragten Beweisaufnahme Tatsachen in Erfahrung zu bringen, die genaueres Vorbringen oder die Benennung weiterer Beweismittel erst ermöglichen.[220] Beweisanträge sind jedenfalls unzulässig, wenn die Beweismittel nicht hinreichend bestimmt sind.[221] § 142 Abs. 1 Satz 1 ZPO erlaubt dem Gericht daher nur, die Vorlegung bestimmter, von der beweispflichtigen Partei genau bezeichneter Teile der Arbeitspapiere des beklagten Wirtschaftsprüfers anzuordnen; die pauschale Anordnung der Vorlegung

---

215 Vgl. OLG Düsseldorf, Urt. vom 10. 12. 1973, MDR 1974, 321.
216 Vgl. BGH, Urt. vom 27. 11. 1975, MDR 1976, 396.
217 Dazu, dass die deutsche ZPO grundsätzlich von der Verhandlungsmaxime beherrscht wird, siehe BVerfG, Beschl. vom 29. 12. 1993, NJW 1994, 1210, 1211; BVerfG, Beschl. vom 18. 4. 1984, BVerfGE 67, 39, 42. Zu Einzelheiten der Verhandlungsmaxime siehe etwa *Becht*, Einführung, S. 3; *Jauernig*, Zivilprozessrecht, S. 87–88; *Musielak*, in: Musielak, ZPO, Einleitung RdNr. 37.
218 Einhellige Meinung: LAG Berlin, Urt. vom 13. 12. 2002, EzA-SD 2003, Nr. 4, 13; *Greger*, in: Zöller, ZPO, § 142 RdNr. 1 m. w. Nachw.; *Hartmann*, in: Baumbach/Lauterbach/Albers/Hartmann, ZPO, § 142 RdNr. 2; *Stadler*, in: Musielak, ZPO, § 142 RdNr. 1; *Zekoll/Bolt*, NJW 2002, 3129, 3130.
219 Vgl. schon BGH, Urt. vom 3. 4. 1952, BGHZ 5, 302, 307.
220 *Foerste*, in: Musielak, ZPO, § 284 RdNr. 16; vgl. BGH, Urt. vom 30. 11. 1989, BGHZ 109, 260, 267.
221 BGH, Urt. vom 23. 4. 1991, NJW 1991, 2707, 2709.

„der" Arbeitspapiere des Wirtschaftsprüfers dürfte mit § 142 Abs. 1 Satz 1 ZPO von vornherein nicht vereinbar sein.

Problematisch und rechtlich bedenklich ist eine gerichtliche Anordnung der Vorlegung der Arbeitspapiere des beklagten Wirtschaftsprüfers gemäß § 142 Abs. 1 Satz 1 ZPO aus dem Gesichtspunkt der unzulässigen Ausforschung darüber hinaus dann, wenn die für interne Zwecke des Prüfers angelegten und aufbewahrten Arbeitspapiere (§ 51 b Abs. 4 WPO) Unterlagen oder Aufzeichnungen enthalten, die der beweisbelasteten Partei erst Kenntnis von dem Vorhandensein ihr günstiger Tatsachen verschafft. Ein unzulässiger Ausforschungsbeweisantrag liegt insbesondere vor, wenn jemand, der für einen Schadensersatzanspruch gegen den Wirtschaftsprüfer an sich darlegungs- und beweispflichtig ist, sich durch die Arbeitspapiervorlegung und Einsichtnahme in die Arbeitspapiere **zusätzliche Kenntnisse** verschaffen und erst auf diese Weise **Anhaltspunkte für ein pflichtwidriges Verhalten** des beklagten Wirtschaftsprüfers ermitteln will. § 142 Abs. 1 Satz 1 ZPO mag zwar den Beibringungsgrundsatz durchbrechen, er führt aber noch lange nicht die Amtsermittlung in den deutschen Zivilprozess ein.

1. Substantiierungspflicht

Vor die amtswegige Anordnung der Urkundenvorlegung hat der Gesetzgeber nach wie vor die Substantiiertheit des den Beweisantrag stützenden Sachvortrags gestellt.[222] Für den beweisbelasteten Kläger genügt zwar grundsätzlich der Vortrag von Tatsachen, die in Verbindung mit einem Rechtssatz für die Möglichkeit sprechen, dass das geltend gemachte Recht in seiner Person entstanden ist. Jede Partei kann aber gehalten sein, konkreter vorzutragen und bestimmte Anhaltspunkte für die behauptete Tatsache zu nennen (§ 138 Abs. 2 ZPO). Umgekehrt darf die Partei aber auch Tatsachen behaupten, die sie lediglich vermutet und daher kaum oder gar nicht plausibel machen kann.[223] Die **Substantiierungspflicht** kann zusätzlich reduziert sein, wenn der beweisbelasteten Partei ein detaillierter Sachvortrag unmöglich oder unzumutbar ist.[224] Ob in einem Wirtschaftsprüferhaftpflichtfall bei Anlegung der vorgenannten Maßstäbe die Grenze zum Ausforschungsbeweis erreicht oder überschritten ist, lässt sich nicht generell entscheiden, sondern muss unter Berücksichtigung der Umstände des Einzelfalles entschieden werden.

---

222 Vgl. *Lüpke/Müller*, NZI 2002, 588, 589; LAG Berlin, Urt. vom 13. 12. 2002, EzA-SD 2003, Nr. 4, 13.
223 Siehe dazu BGH, Urt. vom 5. 4. 2001, NJW 2001, 2327, 2328.
224 *Stadler*, in: Musielak, ZPO, § 138 RdNr. 10.

2. Keine „Discovery"

Die in der Rechtsprechung vor dem 1. 1. 2002 aufgestellten Grundsätze zu den **Grenzen der Anordnung der Urkundenvorlegung** von Amts wegen nach §§ 142, 144 ZPO haben grundsätzlich nach wie vor Gültigkeit. In der Amtlichen Begründung des ZPO-Reformgesetzes von 2001[225] wird nämlich hinsichtlich der Regelungen in den §§ 142, 144 ZPO ausdrücklich klargestellt, „dass damit keine (unzulässige) Ausforschung der von einer richterlichen Anordnung betroffenen Partei oder des Dritten bezweckt wird".[226] Die genannten Bestimmungen erweiterten, so heißt es, „die Befugnisse, die dem Richter bereits nach dem geltenden Recht eingeräumt sind, nur behutsam."[227] Den Interessen der Parteien an der Wahrung ihrer „**Geheimnisse**" solle der Richter dadurch Rechnung tragen, „dass er von dem ihm eingeräumten Ermessen entsprechenden Gebrauch macht."[228] §§ 142, 144 ZPO verleihen nach der Amtlichen Begründung „ebenso wenig wie das geltende Recht die Befugnis, schutzwürdige Geheimbereiche von Verfahrensbeteiligten auszuforschen".[229]

Die Amtliche Begründung wirkt außerdem ausdrücklich der Befürchtung entgegen, „die geplanten Neuregelungen näherten den deutschen Zivilprozess an das Leitbild des US-amerikanischen ‚discovery'-Verfahren [sic] an".[230] Wenn das so ist, dann kommt auch nach der Novellierung der §§ 142, 144 ZPO die amtswegige Anordnung der Vorlegung von Urkunden und sonstigen Unterlagen nur auf der Grundlage eines substantiierten Vortrags der beweisbelasteten Partei bezüglich des Inhalts der Urkunde bzw. sonstigen Unterlagen in Frage und nicht – wie nach amerikanischem Verständnis – auf der Grundlage ausladender Beweisersuchen zum Zwecke der Ausforschung des Gegners bzw. eines unbeteiligten Dritten im Interesse einer **umfassenden Aufklärung des streitigen Sachverhalts**.

---

225 BGBl. I 1887, zuletzt geändert durch Gesetz vom 23. 7. 2002, BGBl. I 2850.
226 BT-Drucks. 14/6036, S. 120.
227 BT-Drucks. 14/6036, S. 120.
228 BT-Drucks. 14/6036, S. 120. Zur Verwahrung der vorgelegten Akten auf der Geschäftsstelle des Gerichts zur Verhinderung der Einsichtnahme durch unbefugte Dritte siehe LG Ingolstadt, Zwischenurt. vom 13. 8. 2002, ZInsO 2002, 990, 992. Kritisch dazu *Uhlenbruck*, NZI 2002, 589, 590.
229 BT-Drucks. 14/6036, S. 120. Vgl. *Zekoll/Bolt*, NJW 2002, 3129, 3132; *Lüpke/Müller*, NZI 2002, 588, 588–589.
230 BT-Drucks. 14/6036, S. 120. Zu Einzelheiten des *pre-trial discovery*-Verfahrens in den USA siehe die Nachweise in Fn. 127.

II. Folgerungen

1. Vollständigkeit und Substantiiertheit

Im Ergebnis ist daher festzuhalten, dass das deutsche Zivilprozessrecht von der beweisbelasteten Partei nach wie vor konkrete beweisbare Behauptungen erfordert; eine Ausforschung des von einer richterlichen Anordnung gemäß § 142 Abs. 1 Satz 1 ZPO betroffenen Prozessgegners (oder eines Dritten) ist unzulässig.[231] Mit anderen Worten: Es gilt nach wie vor der Grundsatz, „dass, unbeschadet der prozessualen Wahrheitspflicht, niemand verpflichtet ist, ‚seinem Gegner die Waffen in die Hand zu geben'".[232] Insbesondere bleibt die jeweils darlegungs- und beweisbelastete Partei nach wie vor für die Vollständigkeit und Substantiiertheit des Vortrags des erheblichen Sachverhalts sowie die genaue Bestimmung der Beweismittel verantwortlich.[233] Unsubstantiierten oder „ins Blaue hinein" aufgestellten Behauptungen oder bloßen Spekulationen darf das Gericht auch nach der Neuregelung der §§ 142, 144 ZPO ebensowenig nachgehen[234] wie nicht hinreichend bestimmten Beweismitteln.

2. Ermessensreduzierung auf Null

Nach den §§ 142 Abs. 1, 144 Abs. 1 Satz 2 ZPO ist das Gericht zur Beweiserhebung ohne Antrag berechtigt, aber nicht – wie im Inquisitionsverfahren – verpflichtet.[235] Die Vorlegungsanordnung gemäß §§ 142 Abs. 1, 144 Abs. 1 Satz 2 ZPO steht **im richterlichen Ermessen** („kann").

a) Regelungszweck

Bei der Ausübung des Ermessens muss das Gericht auf den Regelungszweck der §§ 142, 144 ZPO achten und im Verfahren mit Beibringungsgrundsatz trotz seiner „behutsamen" Präzisierung der Pflichten der Parteien bei amtswegiger Anordnung darauf achten, dass es nicht zu einer Ausforschung kommt. Der Wunsch des Gerichts, sich eine bessere Anschauung oder mit Hilfe einer Begutachtung durch einen Sachverständigen eine bessere Sachkunde zu verschaffen – und sei es auch zwecks Vor-

---

231 *Schack*, Internationales Zivilverfahrensrecht, S. 320; *Lüke*, Zivilprozessrecht, S. 274; BT-Drucks. 14/6036, S. 120.
232 BGH, Urt. vom 8. 1. 1985, BGHZ 93, 191, 205. So wiederum ausdrücklich BGH, Urt. vom 17. 10. 1996, NJW 1997, 128, 129; BGH, Urt. vom 11. 6. 1990, NJW 1990, 3151.
233 Vgl. LAG Berlin, Urt. vom 13. 12. 2002, EzA-SD 2003, Nr. 4, 13; LG Ingolstadt, Zwischenurt. vom 13. 8. 2002, ZInsO 2002, 990, 992 (sub IV.).
234 Zurückhaltender insoweit *Zekoll/Bolt*, NJW 2002, 3129, 3132.
235 *Jauernig*, Zivilprozessrecht, S. 88.

bereitung einer etwa erforderlichen Beweisanordnung –, reicht jedenfalls allein nicht aus, die **amtswegige Anordnung** der Vorlegung der Arbeitspapiere zu rechtfertigen. Im Übrigen hat das Gericht zu berücksichtigen, dass die Ausführungen des Wirtschaftsprüfers in den zu internen Zwecken gefertigten Arbeitspapieren zu der Prüfungsplanung, den Prüfungshandlungen, den Prüfungsfeststellungen und der Ableitung des Prüfungsergebnisses (vgl. § 51 b Abs. 4 WPO) von vornherein nicht als Nachweis der durchgeführten Prüfungshandlungen im Haftpflichtprozess zu dienen bestimmt sind. Insbesondere werden Arbeitspapiere nicht zu dem Zweck gefertigt, dass der Auftraggeber des Wirtschaftsprüfers oder eine andere beweisbelastete Prozesspartei daraus im Haftpflichtprozess einen Beweis der entscheidungserheblichen Tatsachen ziehen kann.[236] Die Beweiskraft der Angaben in den Arbeitspapieren darf daher nicht überschätzt werden.

b) Wahrheitsfindung

Dass ein entsprechender Beweisantrag der beweisbelasteten Partei mangels prozess- bzw. materiellrechtlicher Vorlegungspflicht (§§ 422, 423 ZPO) im Wirtschaftsprüferhaftpflichtprozess nicht erfolgversprechend wäre, gebietet im Hinblick auf das dem Gericht eingeräumte Ermessen (§§ 142 Abs. 1 Satz 1, 144 Abs. 1 Satz 2 ZPO) keine andere Beurteilung. Wenn der beweisbelasteten Partei förmlich die Hände gebunden sind, ist es auch nach der Neufassung der §§ 142, 144 ZPO nicht Sache des Gerichts, die Urkundenvorlegung von dem Beweisantrag zu lösen und die Vorlegung der lediglich internen Zwecken des Wirtschaftsprüfers dienenden Arbeitspapiere anzuordnen, um sie einzusehen bzw. durch einen Sachverständigen begutachten zu lassen und sie dadurch auch gegen den Willen des Wirtschaftsprüfers zu verwerten. Selbst der **Anspruch auf rechtliches Gehör** (Art. 103 Abs. 1 GG) verlangt in einer solchen Situation nicht, dass das Gericht grundsätzlich gegebene prozessuale Möglichkeiten ausschöpft und damit u.U. prozessentscheidend tätig war. Der Reformgesetzgeber hat durch die **Zumutbarkeitsgrenzen** und die ausdrückliche Betonung des **Zeugnisverweigerungsrechts** (§§ 142 Abs. 2 Satz 1, 144 Abs. 2 Satz 1 ZPO) unterstrichen, dass die Aufklärungsbeiträge der nicht beweisführenden Partei keineswegs uneingeschränkt großzügig angelegt sind, auch wenn Sinn und Zweck des Zivilverfahrens tendenziell in einem auf der **Findung der materiellen Wahrheit** beruhenden Individualrechtsschutz bestehen. Auch nach der Reform der §§ 142, 144 ZPO sollte der Beibringungsgrundsatz und die darauf basierende Verteilung der Behauptungs- und Beweislast nach dem Willen des Gesetzgebers unangetastet bleiben; eine inquisitorische Sachverhaltsaufklärung

---

236 Siehe dazu oben S. 27 und 35.

von Amts wegen stellt daher einen groben Verstoß gegen die **richterliche Neutralitätspflicht**, die **Parteifreiheit** und die **Parteiverantwortung** sowie das **Willkürverbot** dar.

c) Kein Beweis entscheidungserheblicher Tatsachen

Das gilt umso mehr, wenn der vom Gericht eingeforderte Aufklärungsbeitrag der nicht beweisbelasteten Partei – wie namentlich die internen Zwecken des Wirtschaftsprüfers dienenden Arbeitspapiere (§ 51 b Abs. 4 WPO) – schon von ihrem Inhalt und Zweck her gar nicht dazu angelegt sind, dass aus ihnen im Haftpflichtprozess ein Beweis für entscheidungserhebliche Tatsachen hergeleitet werden kann.[237] Deshalb und durch die ausdrückliche Entscheidung des Gesetzgebers, dass die Arbeitspapiere lediglich internen Zwecken des Wirtschaftsprüfers zu dienen bestimmt sind (§ 51 b Abs. 4 WPO), hat der Gesetzgeber das **Ermessen** des Gerichts im Sinne von § 142 Abs. 1 Satz 1 ZPO **praktisch auf Null reduziert** mit der Folge, dass das Gericht von Amts wegen nach §§ 142 Abs. 1, 144 Abs. 1 Satz 2 ZPO nicht anordnen darf, dass der beklagte Wirtschaftsprüfer dem Gericht (oder einem gerichtlich beauftragten Sachverständigen) seine Arbeitspapiere vorlege. Denn auch nach der Neufassung des § 142 Abs. 1 Satz 1 ZPO darf ein Gericht die Vorlegung einer Urkunde, die sich auf eine erhebliche Tatsache bezieht, dann nicht anordnen, wenn es im Rahmen seiner Ermessensausübung zu der Einsicht gelangt, dass der Vorlegung schutzwürdige Interessen der Partei bzw. des Dritten entgegenstehen oder aus der betreffenden Urkunde – wie z. B. aus den Arbeitspapieren des Wirtschaftsprüfers – kein Beweis für entscheidungserhebliche Tatsachen hergeleitet werden kann.[238]

3. Schlüsse des Gerichts

Da eine gerichtliche Vorlegungsanordnung in diesen Fällen nicht ergehen darf, darf das Gericht aus der Weigerung des beklagten Wirtschaftsprüfers, einer entsprechenden Anordnung des Gerichts Folge zu leisten, auch **keine nachteiligen Schlüsse** zu Lasten des Beklagten ziehen.[239] Das Gericht darf insbesondere nicht zu dem Ergebnis gelangen, dass die seitens des Klägers behaupteten Pflichtverletzungen des Beklagten als be-

---

[237] Siehe oben bei Fn. 98, 114 und 140.
[238] Vgl. *Lüpke/Müller*, NZI 2002, 588, 589.
[239] Die Urkundenvorlage durch die Prozessgegner ist auch nach der Neufassung des § 142 ZPO nicht erzwingbar. Nach der Amtlichen Begründung (BT-Drucks. 14/4722, S. 78) soll die Nichtbefolgung der richterlichen Anordnung durch den Prozessgegner aber entsprechend § 427 Satz 2 ZPO sanktioniert werden.

wiesen angesehen werden (vgl. §§ 427 Satz 2, 286, 371 Abs. 3 ZPO), mag es für das Gericht auch noch so „nahe liegen", die Behauptung der beweisbelasteten Partei in entsprechender Anwendung des § 427 Satz 2 ZPO wegen Beweisvereitelung als bewiesen anzusehen.[240] Aus der Weigerung des Wirtschaftsprüfers, seine Arbeitspapiere aufgrund eines Beschlusses des Gerichts oder einer vorbereitenden Verfügung des Vorsitzenden gemäß § 273 Abs. 2 Nr. 5 ZPO vorzulegen, darf das Gericht auch sonst keine nachteiligen Schlüsse ziehen und der beweisbelasteten Partei auch **keine Beweiserleichterungen** einräumen oder am Ende gar die Beweislast zu Lasten des beklagten Wirtschaftsprüfers umkehren. Sind die Arbeitspapiere hingegen von einer Partei in der Absicht, ihre Benutzung dem Gegner zu entziehen, beseitigt oder zur Benutzung untauglich gemacht, so können die Behauptungen des Gegners über den Inhalt der Arbeitspapiere entsprechend § 444 ZPO als bewiesen angesehen werden.

D. Ausblick

Allerdings kann aus heutiger Sicht nicht ausgeschlossen werden, dass die Gerichte die Darlegungs- und Beweislast im deutschen Zivilprozess nach der Neufassung der §§ 142, 144 ZPO in Zukunft anders als bisher beurteilen werden. Falls von § 142 Abs. 1 Satz 1 ZPO in der gerichtlichen Praxis regelmäßig und großzügig Gebrauch gemacht werden sollte, ist es denkbar, dass der Gegner der Partei, die im Besitz einer ihm günstigen Urkunde oder einer sonstigen Unterlage ist, lediglich der **Darlegungslast** zu genügen hat, die **Beweislast** hingegen über § 142 ZPO auf die Partei verlagert wird, die im Besitz der Urkunde oder sonstigen Unterlage ist. Obgleich die jüngste ZPO-Reform die Darlegungs- und Beweislast nicht verändern sollte, ist nicht auszuschließen, dass sich auch in **Wirtschaftsprüferhaftpflichtprozessen** die Gewichte zwischen den Parteien verschieben werden – je nachdem, wie die Gerichte von dem ihnen vom Gesetzgeber eingeräumten Ermessen im Rahmen des § 142 Abs. 1 Satz 1 ZPO Gebrauch machen werden.[241] Umso wichtiger ist es, immer wieder daran zu erinnern, dass – wie oben ausgeführt – jedenfalls in Wirtschaftsprüferhaftpflichtprozessen aufgrund der rechtlichen Gegebenheiten das Ermessen des Gerichts auf Null reduziert ist und das Gericht die Vorlegung der Arbeitspapiere des beklagten Wirtschaftsprüfers **nicht** anordnen darf. Wegen der dargestellten prozessualen Unwägbarkeiten empfiehlt es sich in jedem Fall, die Arbeitspapiere sorgfältig anzulegen, zu führen und aufzubewahren.

---

240 *Zekoll/Bolt*, NJW 2002, 3129, 3130.
241 Vgl. aber *Lüpke/Müller*, NZI 2002, 588, 589.

Drittes Kapitel:
Allgemeine prozessuale Vorlegungspflichten

A. Prozessuale Mitwirkungs- und Förderungspflichten

Wo – wie in den hier untersuchten Fällen – keine prozess- oder materiellrechtliche Pflicht des Prozessgegners zur Vorlegung von Urkunden und sonstigen Unterlagen besteht (§§ 422, 423 ZPO) und die Anordnung der Urkundenvorlegung auch nach der Neufassung der §§ 142, 144 ZPO nicht von Amts wegen angeordnet werden darf, kann eine **Pflicht zur Vorlegung** von Urkunden, die sich in den Händen der nicht beweisbelasteten Partei befinden, **auch nicht** aus der prozessualen Mitwirkungs- und Förderungspflicht hergeleitet werden – nicht einmal im Wege der Beweiswürdigung des Prozessverhaltens gemäß § 286 ZPO.[242]

B. Prozessuale Aufklärungspflichten

Eine Pflicht des Wirtschaftsprüfers zur Vorlegung seiner Arbeitspapiere lässt sich auch nicht aus dem Gesichtspunkt einer allgemeinen prozessualen Aufklärungspflicht herleiten.

I. Die Lehre von der Aufklärungspflicht im Zivilprozess

Ein Teil der Lehre leitete vor Inkrafttreten des Gesetzes zur Reform des Zivilprozesses vom 27. 7. 2001 im Wege der Rechtsanalogie zu § 138 Abs. 1 und 2 ZPO sowie aus den Vorschriften über die Mitwirkung der Partei an der Beweisaufnahme unter bestimmten Voraussetzungen eine weite **prozessuale Aufklärungspflicht** auch der nicht darlegungs- und beweisbelasteten Partei ab.[243] Die behauptete Pflicht soll nach Ansicht der Vertreter dieser Lehre alle möglichen und zumutbaren Aufklärungsbeiträge der nicht beweisbelasteten Partei umfassen, so insbesondere Auskünfte, Urkundenvorlegung, Besichtigung und Untersuchung von Au-

---

[242] *Geimer*, in: Zöller, ZPO, § 422 RdNr. 3; MünchKommZPO-*Schreiber*, § 422 RdNr. 1; a.A. *Schlosser*, JZ 1991, 608. Vgl. auch *Uhlenbruck*, NZI 2002, 589, 590.

[243] *Peters*, ZZP 82 (1969), 200; *Stürner*, Die Aufklärungspflicht, S. 85 ff.; *Stürner*, ZZP 98 (1985), 237 und ZZP 104 (1991), 208; ihm folgend *Stadler*, Schutz des Unternehmensgeheimnisses S. 80 ff.; mit Einschränkungen *Schlosser*, JZ 1991, 599, 603; *de lege ferenda* auch *Gottwald*, Gutachten zum 61. DJT 1996, A 15–21.

genscheinsgegenständen. Die Verletzung der Pflicht soll zu einer widerlegbaren Fiktion der streitigen Tatsache führen.[244]

II. Die herrschende Meinung

Man kann trefflich darüber streiten, ob es im deutschen Zivilprozessrecht, das sich im Vergleich mit anderen Rechtsordnungen bei der Heranziehung der Parteien und Dritter zur Sachverhaltsaufklärung stets sehr zurückgehalten hat, eine solche allgemeine prozessuale Aufklärungspflicht gibt. Rechtsprechung[245] und herrschende Lehre[246] haben jedenfalls eine allgemeine prozessuale Aufklärungspflicht vor Inkrafttreten des Gesetzes zur Reform des Zivilprozesses[247] unter Hinweis auf die **Verhandlungsmaxime (Beibringungsgrundsatz)** und die darauf basierende Verteilung der Behauptungs- und Beweislast abgelehnt.

III. ZPO-Reform

Das ZPO-Reformgesetz lässt für die Annahme einer allgemeinen prozessualen Aufklärungspflicht ebenfalls keinen Raum. Das ZPO-Reformgesetz hat u. a. in den §§ 142, 144 ZPO die Mitwirkungspflichten Dritter verstärkt und die **Pflichten der Parteien bei amtswegiger Anordnung präzisiert**.[248] Eine allgemeine Ausdehnung der parteilichen Aufklärungspflicht wurde in das Gesetz nicht aufgenommen; das gestehen selbst die Befürworter einer allgemeinen prozessualen Aufklärungspflicht im Zivilprozess zu.[249] Dass die Anerkennung einer weitreichenden prozessualen Aufklärungspflicht dem Reformanliegen, im Zuge der Neugestaltung des Instanzenzuges die Sachverhaltsaufklärung in der ersten Instanz zu stärken, möglicherweise entsprochen hätte,[250] steht auf einem anderen Blatt. Nach der verfassungsrechtlichen Ordnung in Deutschland ist es jedenfalls nicht Aufgabe der Gerichte, denkbaren oder vielleicht sogar wünschenswerten, aber vom Gesetzgeber bewusst nicht auf den Weg gebrachten zukünftigen Reformen der Zivilprozessordnung in diese Richtung vorzugreifen. Das gilt auch und gerade für die Frage, ob das Gericht

---

244 *Stürner*, Die Aufklärungspflicht, S. 242 ff., 249 ff.
245 BGH, Urt. vom 11. 6. 1990, NJW 1990, 3151 mit ablehnender Anmerkung von *Schlosser*, JZ 1991, 599 und *Stürner*, ZZP 104 (1991), 208.
246 *Rosenberg/Schwab*, S. 680; weitere Nachw. bei *Stadler*, in: Musielak, ZPO, § 138 RdNr. 11 Fn. 53.
247 BGBl. I 1887.
248 Siehe dazu oben S. 55–57.
249 *Stadler*, in: Musielak, ZPO, § 138 RdNr. 11.
250 In diesem Sinne etwa *Stadler*, in: Musielak, ZPO, § 138 RdNr. 11.

streiterhebliche Urkunden oder sonstige Unterlagen, die sich im Besitz einer Prozesspartei befinden, ohne Rücksicht auf die Beweislastverteilung und weitere Voraussetzungen (z. B. eine materiellrechtliche Vorlegungspflicht wie im Falle des § 422 ZPO) zur Sachverhaltsaufklärung heranziehen kann.

Fazit

Als Ergebnis der Untersuchung ist mithin festzuhalten:

- Unbeschadet etwaiger vertraglicher Vereinbarungen zwischen dem Wirtschaftsprüfer und seinem Auftraggeber besteht *keine* materiellrechtliche und auch keine prozessuale Verpflichtung des beklagten Wirtschaftsprüfers, im Haftpflichtprozess dem Gericht oder einem beauftragten gerichtlichen Sachverständigen die Arbeitspapiere vorzulegen (§§ 422, 423 ZPO). Für eine Anordnung der Vorlegung der Arbeitspapiere von Amts wegen besteht auch nach der Neuordnung der §§ 142, 144 ZPO kein Raum. Dabei ist es gleichgültig, ob es sich bei der vom Wirtschaftsprüfer übernommenen Tätigkeit um eine gesetzlich angeordnete Jahresabschlussprüfung (Pflichtprüfung) oder um eine sonstige Wirtschaftsprüfern gemäß § 2 WPO übertragene Tätigkeit handelt. Es ist auch unerheblich, ob es sich bei dem Kläger um den Auftraggeber des beklagten Wirtschaftsprüfers oder einen fremden Dritten (z. B. Anteilseigner oder Gläubiger) handelt.

- Mangels einer Rechtspflicht zur Vorlegung von Arbeitspapieren darf ein Gericht aus der Weigerung des beklagten Wirtschaftsprüfers, seine Arbeitspapiere vorzulegen, keine dem Wirtschaftsprüfer nachteiligen Schlüsse ziehen und der beweisbelasteten Partei auch keine Beweiserleichterungen einräumen oder gar die Beweislast zu Lasten des Wirtschaftsprüfers umkehren.

- Die genauen Auswirkungen der reformierten §§ 142, 144 ZPO auf den Beibringungsgrundsatz vor dem Hintergrund des nicht revidierten § 422 ZPO bleiben abzuwarten. Viel wird davon abhängen, wie die Gerichte das ihnen eingeräumte Ermessen in der Praxis ausüben werden. Die Neuerungen der §§ 142, 144 ZPO werden die anwaltliche Praxis jedenfalls nachhaltig beeinflussen.

Anhang: Gesetzestexte

A. Bürgerliches Gesetzbuch – BGB (Auszug)

BGB § 133 Auslegung einer Willenserklärung

Bei der Auslegung einer Willenserklärung ist der wirkliche Wille zu erforschen und nicht an dem buchstäblichen Sinne des Ausdrucks zu haften.

BGB § 157 Auslegung von Verträgen

Verträge sind so auszulegen, wie Treu und Glauben mit Rücksicht auf die Verkehrssitte es erfordern.

BGB § 241 Pflichten aus dem Schuldverhältnis

(1) Kraft des Schuldverhältnisses ist der Gläubiger berechtigt, von dem Schuldner eine Leistung zu fordern. Die Leistung kann auch in einem Unterlassen bestehen.

(2) Das Schuldverhältnis kann nach seinem Inhalt jeden Teil zur Rücksicht auf die Rechte, Rechtsgüter und Interessen des anderen Teils verpflichten.

BGB § 242 Leistung nach Treu und Glauben

Der Schuldner ist verpflichtet, die Leistung so zu bewirken, wie Treu und Glauben mit Rücksicht auf die Verkehrssitte es erfordern.

BGB § 311 Rechtsgeschäftliche und rechtsgeschäftsähnliche Schuldverhältnisse

(1) Zur Begründung eines Schuldverhältnisses durch Rechtsgeschäft sowie zur Änderung des Inhalts eines Schuldverhältnisses ist ein Vertrag zwischen den Beteiligten erforderlich, soweit nicht das Gesetz ein anderes vorschreibt.

(2) Ein Schuldverhältnis mit Pflichten nach § 241 Abs. 2 entsteht auch durch

1. die Aufnahme von Vertragsverhandlungen,
2. die Anbahnung eines Vertrags, bei welcher der eine Teil im Hinblick auf eine etwaige rechtsgeschäftliche Beziehung dem anderen Teil die Möglichkeit zur Einwirkung auf seine Rechte, Rechtsgüter und Interessen gewährt oder ihm diese anvertraut, oder
3. ähnliche geschäftliche Kontakte.

(3) Ein Schuldverhältnis mit Pflichten nach § 241 Abs. 2 kann auch zu Personen entstehen, die nicht selbst Vertragspartei werden sollen. Ein solches Schuldverhältnis entsteht insbesondere, wenn der Dritte in besonderem Maße Vertrauen

für sich in Anspruch nimmt und dadurch die Vertragsverhandlungen oder den Vertragsschluss erheblich beeinflusst.

BGB § 362 Erlöschen durch Leistung

(1) Das Schuldverhältnis erlischt, wenn die geschuldete Leistung an den Gläubiger bewirkt wird.

(2) Wird an einen Dritten zum Zwecke der Erfüllung geleistet, so finden die Vorschriften des § 185 Anwendung.

BGB § 631 Vertragstypische Pflichten beim Werkvertrag

(1) Durch den Werkvertrag wird der Unternehmer zur Herstellung des versprochenen Werkes, der Besteller zur Entrichtung der vereinbarten Vergütung verpflichtet.

(2) Gegenstand des Werkvertrags kann sowohl die Herstellung oder Veränderung einer Sache als auch ein anderer durch Arbeit oder Dienstleistung herbeizuführender Erfolg sein.

BGB § 632 Vergütung

(1) Eine Vergütung gilt als stillschweigend vereinbart, wenn die Herstellung des Werkes den Umständen nach nur gegen eine Vergütung zu erwarten ist.

(2) Ist die Höhe der Vergütung nicht bestimmt, so ist bei dem Bestehen einer Taxe die taxmäßige Vergütung, in Ermangelung einer Taxe die übliche Vergütung als vereinbart anzusehen.

(3) Ein Kostenanschlag ist im Zweifel nicht zu vergüten.

BGB § 662 Vertragstypische Pflichten beim Auftrag

Durch die Annahme eines Auftrags verpflichtet sich der Beauftragte, ein ihm von dem Auftraggeber übertragenes Geschäft für diesen unentgeltlich zu besorgen.

BGB § 663 Anzeigepflicht bei Ablehnung

Wer zur Besorgung gewisser Geschäfte öffentlich bestellt ist oder sich öffentlich erboten hat, ist, wenn er einen auf solche Geschäfte gerichteten Auftrag nicht annimmt, verpflichtet, die Ablehnung dem Auftraggeber unverzüglich anzuzeigen. Das Gleiche gilt, wenn sich jemand dem Auftraggeber gegenüber zur Besorgung gewisser Geschäfte erboten hat.

BGB § 664 Unübertragbarkeit; Haftung für Gehilfen

(1) Der Beauftragte darf im Zweifel die Ausführung des Auftrags nicht einem Dritten übertragen. Ist die Übertragung gestattet, so hat er nur ein ihm bei der

Übertragung zur Last fallendes Verschulden zu vertreten. Für das Verschulden eines Gehilfen ist er nach § 278 verantwortlich.

(2) Der Anspruch auf Ausführung des Auftrags ist im Zweifel nicht übertragbar.

BGB § 665 Abweichung von Weisungen

Der Beauftragte ist berechtigt, von den Weisungen des Auftraggebers abzuweichen, wenn er den Umständen nach annehmen darf, dass der Auftraggeber bei Kenntnis der Sachlage die Abweichung billigen würde. Der Beauftragte hat vor der Abweichung dem Auftraggeber Anzeige zu machen und dessen Entschließung abzuwarten, wenn nicht mit dem Aufschub Gefahr verbunden ist.

BGB § 666 Auskunfts- und Rechenschaftspflicht

Der Beauftragte ist verpflichtet, dem Auftraggeber die erforderlichen Nachrichten zu geben, auf Verlangen über den Stand des Geschäfts Auskunft zu erteilen und nach der Ausführung des Auftrags Rechenschaft abzulegen.

BGB § 667 Herausgabepflicht

Der Beauftragte ist verpflichtet, dem Auftraggeber alles, was er zur Ausführung des Auftrags erhält und was er aus der Geschäftsbesorgung erlangt, herauszugeben.

BGB § 668 Verzinsung des verwendeten Geldes

Verwendet der Beauftragte Geld für sich, das er dem Auftraggeber herauszugeben oder für ihn zu verwenden hat, so ist er verpflichtet, es von der Zeit der Verwendung an zu verzinsen.

BGB § 669 Vorschusspflicht

Für die zur Ausführung des Auftrags erforderlichen Aufwendungen hat der Auftraggeber dem Beauftragten auf Verlangen Vorschuss zu leisten.

BGB § 670 Ersatz von Aufwendungen

Macht der Beauftragte zum Zwecke der Ausführung des Auftrags Aufwendungen, die er den Umständen nach für erforderlich halten darf, so ist der Auftraggeber zum Ersatz verpflichtet.

BGB § 671 Widerruf; Kündigung

(1) Der Auftrag kann von dem Auftraggeber jederzeit widerrufen, von dem Beauftragten jederzeit gekündigt werden.

(2) Der Beauftragte darf nur in der Art kündigen, dass der Auftraggeber für die Besorgung des Geschäfts anderweit Fürsorge treffen kann, es sei denn, dass ein wichtiger Grund für die unzeitige Kündigung vorliegt. Kündigt er ohne solchen Grund zur Unzeit, so hat er dem Auftraggeber den daraus entstehenden Schaden zu ersetzen.

(3) Liegt ein wichtiger Grund vor, so ist der Beauftragte zur Kündigung auch dann berechtigt, wenn er auf das Kündigungsrecht verzichtet hat.

BGB § 672   Tod oder Geschäftsunfähigkeit des Auftraggebers

Der Auftrag erlischt im Zweifel nicht durch den Tod oder den Eintritt der Geschäftsunfähigkeit des Auftraggebers. Erlischt der Auftrag, so hat der Beauftragte, wenn mit dem Aufschub Gefahr verbunden ist, die Besorgung des übertragenen Geschäfts fortzusetzen, bis der Erbe oder der gesetzliche Vertreter des Auftraggebers anderweit Fürsorge treffen kann; der Auftrag gilt insoweit als fortbestehend.

BGB § 673   Tod des Beauftragten

Der Auftrag erlischt im Zweifel durch den Tod des Beauftragten. Erlischt der Auftrag, so hat der Erbe des Beauftragten den Tod dem Auftraggeber unverzüglich anzuzeigen und, wenn mit dem Aufschub Gefahr verbunden ist, die Besorgung des übertragenen Geschäfts fortzusetzen, bis der Auftraggeber anderweit Fürsorge treffen kann; der Auftrag gilt insoweit als fortbestehend.

BGB § 674   Fiktion des Fortbestehens

Erlischt der Auftrag in anderer Weise als durch Widerruf, so gilt er zugunsten des Beauftragten gleichwohl als fortbestehend, bis der Beauftragte von dem Erlöschen Kenntnis erlangt oder das Erlöschen kennen muss.

BGB § 675   Entgeltliche Geschäftsbesorgung

(1) Auf einen Dienstvertrag oder einen Werkvertrag, der eine Geschäftsbesorgung zum Gegenstand hat, finden, soweit in diesem Untertitel nichts Abweichendes bestimmt wird, die Vorschriften der §§ 663, 665 bis 670, 672 bis 674 und, wenn dem Verpflichteten das Recht zusteht, ohne Einhaltung einer Kündigungsfrist zu kündigen, auch die Vorschriften des § 671 Abs. 2 entsprechende Anwendung.

(2) Wer einem anderen einen Rat oder eine Empfehlung erteilt, ist, unbeschadet der sich aus einem Vertragsverhältnis, einer unerlaubten Handlung oder einer sonstigen gesetzlichen Bestimmung ergebenden Verantwortlichkeit, zum Ersatz des aus der Befolgung des Rates oder der Empfehlung entstehenden Schadens nicht verpflichtet.

BGB § 810   Einsicht in Urkunden

Wer ein rechtliches Interesse daran hat, eine in fremdem Besitz befindliche Urkunde einzusehen, kann von dem Besitzer die Gestattung der Einsicht verlangen, wenn die Urkunde in seinem Interesse errichtet oder in der Urkunde ein zwischen ihm und einem anderen bestehendes Rechtsverhältnis beurkundet ist oder wenn die Urkunde Verhandlungen über ein Rechtsgeschäft enthält, die zwischen ihm und einem anderen oder zwischen einem von beiden und einem gemeinschaftlichen Vermittler gepflogen worden sind.

BGB § 811 Vorlegungsort, Gefahr und Kosten

(1) Die Vorlegung hat in den Fällen der §§ 809, 810 an dem Orte zu erfolgen, an welchem sich die vorzulegende Sache befindet. Jeder Teil kann die Vorlegung an einem anderen Orte verlangen, wenn ein wichtiger Grund vorliegt.

(2) Die Gefahr und die Kosten hat derjenige zu tragen, welcher die Vorlegung verlangt. Der Besitzer kann die Vorlegung verweigern, bis ihm der andere Teil die Kosten vorschießt und wegen der Gefahr Sicherheit leistet.

BGB § 823 Schadensersatzpflicht

(1) Wer vorsätzlich oder fahrlässig das Leben, den Körper, die Gesundheit, die Freiheit, das Eigentum oder ein sonstiges Recht eines anderen widerrechtlich verletzt, ist dem anderen zum Ersatz des daraus entstehenden Schadens verpflichtet.

(2) Die gleiche Verpflichtung trifft denjenigen, welcher gegen ein den Schutz eines anderen bezweckendes Gesetz verstößt. Ist nach dem Inhalt des Gesetzes ein Verstoß gegen dieses auch ohne Verschulden möglich, so tritt die Ersatzpflicht nur im Falle des Verschuldens ein.

BGB § 831 Haftung für den Verrichtungsgehilfen

(1) Wer einen anderen zu einer Verrichtung bestellt, ist zum Ersatz des Schadens verpflichtet, den der andere in Ausführung der Verrichtung einem Dritten widerrechtlich zufügt. Die Ersatzpflicht tritt nicht ein, wenn der Geschäftsherr bei der Auswahl der bestellten Person und, sofern er Vorrichtungen oder Gerätschaften zu beschaffen oder die Ausführung der Verrichtung zu leiten hat, bei der Beschaffung oder der Leitung die im Verkehr erforderliche Sorgfalt beobachtet oder wenn der Schaden auch bei Anwendung dieser Sorgfalt entstanden sein würde.

(2) Die gleiche Verantwortlichkeit trifft denjenigen, welcher für den Geschäftsherrn die Besorgung eines der im Absatz 1 Satz 2 bezeichneten Geschäfte durch Vertrag übernimmt.

B. Bundesrechtsanwaltsordnung – BRAO (Auszug)

BRAO § 50 Handakten des Rechtsanwalts

(1) Der Rechtsanwalt muß durch Anlegung von Handakten ein geordnetes Bild über die von ihm entfaltete Tätigkeit geben können.

(2) Der Rechtsanwalt hat die Handakten auf die Dauer von fünf Jahren nach Beendigung des Auftrags aufzubewahren. Diese Verpflichtung erlischt jedoch schon

vor Beendigung dieses Zeitraumes, wenn der Rechtsanwalt den Auftraggeber aufgefordert hat, die Handakten in Empfang zu nehmen, und der Auftraggeber dieser Aufforderung binnen sechs Monaten, nachdem er sie erhalten hat, nicht nachgekommen ist.

(3) Der Rechtsanwalt kann seinem Auftraggeber die Herausgabe der Handakten verweigern, bis er wegen seiner Gebühren und Auslagen befriedigt ist. Dies gilt nicht, soweit die Vorenthaltung der Handakten oder einzelner Schriftstücke nach den Umständen unangemessen wäre.

(4) Handakten im Sinne der Absätze 2 und 3 dieser Bestimmung sind nur die Schriftstücke, die der Rechtsanwalt aus Anlaß seiner beruflichen Tätigkeit von dem Auftraggeber oder für ihn erhalten hat, nicht aber der Briefwechsel zwischen dem Rechtsanwalt und seinem Auftraggeber und die Schriftstücke, die dieser bereits in Urschrift oder Abschrift erhalten hat.

(5) Absatz 4 gilt entsprechend, soweit sich der Rechtsanwalt zum Führen von Handakten der elektronischen Datenverarbeitung bedient.

C. Handelsgesetzbuch – HGB (Auszug)

HGB § 316 Pflicht zur Prüfung

(1) Der Jahresabschluß und der Lagebericht von Kapitalgesellschaften, die nicht kleine im Sinne des § 267 Abs. 1 sind, sind durch einen Abschlußprüfer zu prüfen. Hat keine Prüfung stattgefunden, so kann der Jahresabschluß nicht festgestellt werden.

(2) Der Konzernabschluß und der Konzernlagebericht von Kapitalgesellschaften sind durch einen Abschlußprüfer zu prüfen. Hat keine Prüfung stattgefunden, so kann der Konzernabschluss nicht gebilligt werden.

(3) Werden der Jahresabschluß, der Konzernabschluß, der Lagebericht oder der Konzernlagebericht nach Vorlage des Prüfungsberichts geändert, so hat der Abschlußprüfer diese Unterlagen erneut zu prüfen, soweit es die Änderung erfordert. Über das Ergebnis der Prüfung ist zu berichten; der Bestätigungsvermerk ist entsprechend zu ergänzen.

HGB § 317 Gegenstand und Umstand der Prüfung

(1) In die Prüfung des Jahresabschlusses ist die Buchführung einzubeziehen. Die Prüfung des Jahresabschlusses und des Konzernabschlusses hat sich darauf zu erstrecken, ob die gesetzlichen Vorschriften und sie ergänzende Bestimmungen des Gesellschaftsvertrags oder der Satzung beachtet worden sind. Die Prüfung ist so anzulegen, daß Unrichtigkeiten und Verstöße gegen die in Satz 2 aufgeführten Bestimmungen, die sich auf die Darstellung des sich nach § 264 Abs. 2 ergebenden Bildes der Vermögens-, Finanz- und Ertragslage des Unternehmens wesentlich auswirken, bei gewissenhafter Berufsausübung erkannt werden.

(2) Der Lagebericht und der Konzernlagebericht sind darauf zu prüfen, ob der Lagebericht mit dem Jahresabschluß und der Konzernlagebericht mit dem Konzern-

abschluß sowie mit den bei der Prüfung gewonnenen Erkenntnissen des Abschlußprüfers in Einklang stehen und ob der Lagebericht insgesamt eine zutreffende Vorstellung von der Lage des Unternehmens und der Konzernlagebericht insgesamt eine zutreffende Vorstellung von der Lage des Konzerns vermittelt. Dabei ist auch zu prüfen, ob die Risiken der künftigen Entwicklung zutreffend dargestellt sind.

(3) Der Abschlußprüfer des Konzernabschlusses hat auch die im Konzernabschluß zusammengefaßten Jahresabschlüsse, insbesondere die konsolidierungsbedingten Anpassungen, in entsprechender Anwendung des Absatzes 1 zu prüfen. Dies gilt nicht für Jahresabschlüsse, die aufgrund gesetzlicher Vorschriften nach diesem Unterabschnitt oder die ohne gesetzliche Verpflichtungen nach den Grundsätzen dieses Unterabschnitts geprüft worden sind. Satz 2 ist entsprechend auf die Jahresabschlüsse von in den Konzernabschluß einbezogenen Tochterunternehmen mit Sitz im Ausland anzuwenden; sind diese Jahresabschlüsse nicht von einem in Übereinstimmung mit den Vorschriften der Richtlinie 84/253/EWG zugelassenen Abschlußprüfer geprüft worden, so gilt dies jedoch nur, wenn der Abschlußprüfer eine den Anforderungen dieser Richtlinie gleichwertige Befähigung hat und der Jahresabschluß in einer den Anforderungen dieses Unterabschnitts entsprechenden Weise geprüft worden ist.

(4) Bei einer börsennotierten Aktiengesellschaft ist außerdem im Rahmen der Prüfung zu beurteilen, ob der Vorstand die ihm nach § 91 Abs. 2 des Aktiengesetzes obliegenden Maßnahmen in einer geeigneten Form getroffen hat und ob das danach einzurichtende Überwachungssystem seine Aufgaben erfüllen kann.

HGB § 318 Bestellung und Abberufung des Abschlussprüfers

(1) Der Abschlußprüfer des Jahresabschlusses wird von den Gesellschaftern gewählt; den Abschlußprüfer des Konzernabschlusses wählen die Gesellschafter des Mutterunternehmens. Bei Gesellschaften mit beschränkter Haftung und bei offenen Handelsgesellschaften und Kommanditgesellschaften im Sinne des § 264a Abs. 1 kann der Gesellschaftsvertrag etwas anderes bestimmen. Der Abschlußprüfer soll jeweils vor Ablauf des Geschäftsjahrs gewählt werden, auf das sich seine Prüfungstätigkeit erstreckt. Die gesetzlichen Vertreter, bei Zuständigkeit des Aufsichtsrats dieser, haben unverzüglich nach der Wahl den Prüfungsauftrag zu erteilen. Der Prüfungsauftrag kann nur widerrufen werden, wenn nach Absatz 3 ein anderer Prüfer bestellt worden ist.

(2) Als Abschlußprüfer des Konzernabschlusses gilt, wenn kein anderer Prüfer bestellt wird, der Prüfer als bestellt, der für die Prüfung des in den Konzernabschluß einbezogenen Jahresabschlusses des Mutterunternehmens bestellt worden ist. Erfolgt die Einbeziehung auf Grund eines Zwischenabschlusses, so gilt, wenn kein anderer Prüfer bestellt wird, der Prüfer als bestellt, der für die Prüfung des letzten vor dem Konzernabschlußstichtag aufgestellten Jahresabschlusses des Mutterunternehmens bestellt worden ist.

(3) Auf Antrag der gesetzlichen Vertreter, des Aufsichtsrats oder von Gesellschaftern, bei Aktiengesellschaften und Kommanditgesellschaften auf Aktien jedoch nur, wenn die Anteile dieser Gesellschafter zusammen den zehnten Teil des Grundkapitals oder den anteiligen Betrag in Höhe von einer Million Euro Mark

erreichen, hat das Gericht nach Anhörung der Beteiligten und des gewählten Prüfers einen anderen Abschlußprüfer zu bestellen, wenn dies aus einem in der Person des gewählten Prüfers liegenden Grund geboten erscheint, insbesondere wenn Besorgnis der Befangenheit besteht. Der Antrag ist binnen zwei Wochen seit dem Tag der Wahl des Abschlußprüfers zu stellen; Aktionäre können den Antrag nur stellen, wenn sie gegen die Wahl des Abschlußprüfers bei der Beschlußfassung Widerspruch erklärt haben. Stellen Aktionäre den Antrag, so haben sie glaubhaft zu machen, daß sie seit mindestens drei Monaten vor dem Tag der Hauptversammlung Inhaber der Aktien sind. Zur Glaubhaftmachung genügt eine eidesstattliche Versicherung vor einem Notar. Unterliegt die Gesellschaft einer staatlichen Aufsicht, so kann auch die Aufsichtsbehörde den Antrag stellen. Gegen die Entscheidung ist die sofortige Beschwerde zulässig.

(4) Ist der Abschlußprüfer bis zum Ablauf des Geschäftsjahrs nicht gewählt worden, so hat das Gericht auf Antrag der gesetzlichen Vertreter, des Aufsichtsrats oder eines Gesellschafters den Abschlußprüfer zu bestellen. Gleiches gilt, wenn ein gewählter Abschlußprüfer die Annahme des Prüfungsauftrags abgelehnt hat, weggefallen ist oder am rechtzeitigen Abschluß der Prüfung verhindert ist und ein anderer Abschlußprüfer nicht gewählt worden ist. Die gesetzlichen Vertreter sind verpflichtet, den Antrag zu stellen. Gegen die Entscheidung des Gerichts findet die sofortige Beschwerde statt; die Bestellung des Abschlußprüfers ist unanfechtbar.

(5) Der vom Gericht bestellte Abschlußprüfer hat Anspruch auf Ersatz angemessener barer Auslagen und auf Vergütung für seine Tätigkeit. Die Auslagen und die Vergütung setzt das Gericht fest. Gegen die Entscheidung ist die sofortige Beschwerde zulässig. Die weitere Beschwerde ist ausgeschlossen. Aus der rechtskräftigen Entscheidung findet die Zwangsvollstreckung nach der Zivilprozeßordnung statt.

(6) Ein von dem Abschlußprüfer angenommener Prüfungsauftrag kann von dem Abschlußprüfer nur aus wichtigem Grund gekündigt werden. Als wichtiger Grund ist es nicht anzusehen, wenn Meinungsverschiedenheiten über den Inhalt des Bestätigungsvermerks, seine Einschränkung oder Versagung bestehen. Die Kündigung ist schriftlich zu begründen. Der Abschlußprüfer hat über das Ergebnis seiner bisherigen Prüfung zu berichten; § 321 ist entsprechend anzuwenden.

(7) Kündigt der Abschlußprüfer den Prüfungsauftrag nach Absatz 6, so haben die gesetzlichen Vertreter die Kündigung dem Aufsichtsrat, der nächsten Hauptversammlung oder bei Gesellschaften mit beschränkter Haftung den Gesellschaftern mitzuteilen. Den Bericht des bisherigen Abschlußprüfers haben die gesetzlichen Vertreter unverzüglich dem Aufsichtsrat vorzulegen. Jedes Aufsichtsratsmitglied hat das Recht, von dem Bericht Kenntnis zu nehmen. Der Bericht ist auch jedem Aufsichtsratsmitglied oder, soweit der Aufsichtsrat dies beschlossen hat, den Mitgliedern eines Ausschusses auszuhändigen. Ist der Prüfungsauftrag vom Aufsichtsrat erteilt worden, obliegen die Pflichten der gesetzlichen Vertreter dem Aufsichtsrat einschließlich der Unterrichtung der gesetzlichen Vertreter.

HGB § 319 Auswahl der Abschlussprüfer

(1) Abschlußprüfer können Wirtschaftsprüfer und Wirtschaftsprüfungsgesellschaften sein. Abschlußprüfer von Jahresabschlüssen und Lageberichten mittelgroßer Gesellschaften mit beschränkter Haftung (§ 267 Abs. 2 oder von mittelgroßen Personenhandelsgesellschaften im Sinne des § 264a Abs. 1) können auch vereidigte Buchprüfer und Buchprüfungsgesellschaften sein.

(2) Ein Wirtschaftsprüfer oder vereidigter Buchprüfer darf nicht Abschlußprüfer sein, wenn er oder eine Person, mit der er seinen Beruf gemeinsam ausübt,

1. Anteile an der zu prüfenden Kapitalgesellschaft besitzt;

2. gesetzlicher Vertreter oder Mitglied des Aufsichtsrats oder Arbeitnehmer der zu prüfenden Kapitalgesellschaft ist oder in den letzten drei Jahren vor seiner Bestellung war;

3. gesetzlicher Vertreter oder Mitglied des Aufsichtsrats einer juristischen Person, Gesellschafter einer Personengesellschaft oder Inhaber eines Unternehmens ist, sofern die juristische Person, die Personengesellschaft oder das Einzelunternehmen mit der zu prüfenden Kapitalgesellschaft verbunden ist oder von dieser mehr als zwanzig vom Hundert der Anteile besitzt;

4. Arbeitnehmer eines Unternehmens ist, das mit der zu prüfenden Kapitalgesellschaft verbunden ist oder an dieser mehr als zwanzig vom Hundert der Anteile besitzt, oder Arbeitnehmer einer natürlichen Person ist, die an der zu prüfenden Kapitalgesellschaft mehr als zwanzig vom Hundert der Anteile besitzt;

5. bei der Führung der Bücher oder der Aufstellung des zu prüfenden Jahresabschlusses der Kapitalgesellschaft über die Prüfungstätigkeit hinaus mitgewirkt hat;

6. gesetzlicher Vertreter, Arbeitnehmer, Mitglied des Aufsichtsrats oder Gesellschafter einer juristischen oder natürlichen Person oder einer Personengesellschaft oder Inhaber eines Unternehmens ist, sofern die juristische oder natürliche Person, die Personengesellschaft oder einer ihrer Gesellschafter oder das Einzelunternehmen nach Nummer 5 nicht Abschlußprüfer der zu prüfenden Kapitalgesellschaft sein darf;

7. bei der Prüfung eine Person beschäftigt, die nach den Nummern 1 bis 6 nicht Abschlußprüfer sein darf;

8. in den letzten fünf Jahren jeweils mehr als dreißig vom Hundert der Gesamteinnahmen aus seiner beruflichen Tätigkeit aus der Prüfung und Beratung der zu prüfenden Kapitalgesellschaft und von Unternehmen, an denen die zu prüfende Kapitalgesellschaft mehr als zwanzig vom Hundert der Anteile besitzt, bezogen hat und dies auch im laufenden Geschäftsjahr zu erwarten ist; zur Vermeidung von Härtefällen kann die Wirtschaftsprüferkammer befristete Ausnahmegenehmigungen erteilen.

Ein Wirtschaftsprüfer oder vereidigter Buchprüfer darf ferner nicht Abschlussprüfer sein, wenn er

1. in entsprechender Anwendung von Absatz 3 Nr. 6 ausgeschlossen wäre;

2. über keine wirksame Bescheinigung über die Teilnahme an der Qualitätskontrolle nach § 57a der Wirtschaftsprüferordnung verfügt und die Wirtschaftsprüferkammer keine Ausnahmegenehmigung erteilt hat.

(3) Eine Wirtschaftsprüfungsgesellschaft oder Buchprüfungsgesellschaft darf nicht Abschlußprüfer sein, wenn

1. sie Anteile an der zu prüfenden Kapitalgesellschaft besitzt oder mit dieser verbunden ist oder wenn ein mit ihr verbundenes Unternehmen an der zu prüfenden Kapitalgesellschaft mehr als zwanzig vom Hundert der Anteile besitzt oder mit dieser verbunden ist;
2. sie nach Absatz 2 Nr. 6 als Gesellschafter einer juristischen Person oder einer Personengesellschaft oder nach Absatz 2 Nr. 5, 7 oder 8 nicht Abschlußprüfer sein darf;
3. bei einer Wirtschaftsprüfungsgesellschaft oder Buchprüfungsgesellschaft, die juristische Person ist, ein gesetzlicher Vertreter oder ein Gesellschafter, der fünfzig vom Hundert oder mehr der den Gesellschaftern zustehenden Stimmrechte besitzt, oder bei anderen Wirtschaftsprüfungsgesellschaften oder Buchprüfungsgesellschaften ein Gesellschafter nach Absatz 2 Nr. 1 bis 4 nicht Abschlußprüfer sein darf;
4. einer ihrer gesetzlichen Vertreter oder einer ihrer Gesellschafter nach Absatz 2 Nr. 5 oder 6 nicht Abschlußprüfer sein darf;
5. eines ihrer Aufsichtsratsmitglieder nach Absatz 2 Nr. 2 oder 5 nicht Abschlußprüfer sein darf oder
6. sie bei der Prüfung einer Aktiengesellschaft, deren Aktien zum Handel im amtlichen Markt zugelassen sind, einen Wirtschaftsprüfer beschäftigt, der in den dem zu prüfenden Geschäftsjahr vorhergehenden zehn Jahren den Bestätigungsvermerk nach § 322 über die Prüfung der Jahres- oder Konzernabschlüsse der Kapitalgesellschaft in mehr als sechs Fällen gezeichnet hat;
7. sie über keine wirksame Bescheinigung über die Teilnahme an der Qualitätskontrolle nach § 57a der Wirtschaftsprüferordnung verfügt und die Wirtschaftsprüferkammer keine Ausnahmegenehmigung erteilt hat.

(4) Die Absätze 2 und 3 sind auf den Abschlußprüfer des Konzernabschlusses entsprechend anzuwenden.

HGB § 320 Vorlagepflicht; Auskunftsrecht

(1) Die gesetzlichen Vertreter der Kapitalgesellschaft haben dem Abschlußprüfer den Jahresabschluß und den Lagebericht unverzüglich nach der Aufstellung vorzulegen. Sie haben ihm zu gestatten, die Bücher und Schriften der Kapitalgesellschaft sowie die Vermögensgegenstände und Schulden, namentlich die Kasse und die Bestände an Wertpapieren und Waren, zu prüfen.

(2) Der Abschlußprüfer kann von den gesetzlichen Vertretern alle Aufklärungen und Nachweise verlangen, die für eine sorgfältige Prüfung notwendig sind. Soweit es die Vorbereitung der Abschlußprüfung erfordert, hat der Abschlußprüfer die Rechte nach Absatz 1 Satz 2 und nach Satz 1 auch schon vor Aufstellung des Jahresabschlusses. Soweit es für eine sorgfältige Prüfung notwendig ist, hat der Abschlußprüfer die Rechte nach den Sätzen 1 und 2 auch gegenüber Mutter- und Tochterunternehmen.

(3) Die gesetzlichen Vertreter einer Kapitalgesellschaft, die einen Konzernabschluß aufzustellen hat, haben dem Abschlußprüfer des Konzernabschlusses den Konzernabschluß, den Konzernlagebericht, die Jahresabschlüsse, Lageberichte und, wenn eine Prüfung stattgefunden hat, die Prüfungsberichte des Mutterunternehmens und der Tochterunternehmen vorzulegen. Der Abschlußprüfer hat die Rechte nach Absatz 1 Satz 2 und nach Absatz 2 bei dem Mutterunternehmen und den Tochterunternehmen, die Rechte nach Absatz 2 auch gegenüber den Abschlußprüfern des Mutterunternehmens und der Tochterunternehmen.

HGB § 321 Prüfungsbericht

(1) Der Abschlußprüfer hat über Art und Umfang sowie über das Ergebnis der Prüfung schriftlich und mit der gebotenen Klarheit zu berichten. In dem Bericht ist vorweg zu der Beurteilung der Lage des Unternehmens oder Konzerns durch die gesetzlichen Vertreter Stellung zu nehmen, wobei insbesondere auf die Beurteilung des Fortbestandes und der künftigen Entwicklung des Unternehmens unter Berücksichtigung des Lageberichts und bei der Prüfung des Konzernabschlusses von Mutterunternehmen auch des Konzerns unter Berücksichtigung des Konzernlageberichts einzugehen ist, soweit die geprüften Unterlagen und der Lagebericht oder der Konzernlagebericht eine solche Beurteilung erlauben. Außerdem hat der Abschlussprüfer über bei Durchführung der Prüfung festgestellte Unrichtigkeiten oder Verstöße gegen gesetzliche Vorschriften sowie Tatsachen zu berichten, die den Bestand des geprüften Unternehmens oder des Konzerns gefährden oder seine Entwicklung wesentlich beeinträchtigen können oder die schwerwiegende Verstöße der gesetzlichen Vertreter oder von Arbeitnehmern gegen Gesetz, Gesellschaftsvertrag oder die Satzung erkennen lassen.

(2) Im Hauptteil des Prüfungsberichts ist festzustellen, ob die Buchführung und die weiteren geprüften Unterlagen, der Jahresabschluss, der Lagebericht, der Konzernabschluss und der Konzernlagebericht den gesetzlichen Vorschriften und den ergänzenden Bestimmungen des Gesellschaftsvertrags oder der Satzung entsprechen. In diesem Rahmen ist auch über Beanstandungen zu berichten, die nicht zur Einschränkung oder Versagung des Bestätigungsvermerks geführt haben, soweit dies für die Überwachung der Geschäftsführung und des geprüften Unternehmens von Bedeutung ist. Es ist auch darauf einzugehen, ob der Abschluss insgesamt unter Beachtung der Grundsätze ordnungsmäßiger Buchführung ein den tatsächlichen Verhältnissen entsprechendes Bild der Vermögens-, Finanz- und Ertragslage der Kapitalgesellschaft oder des Konzerns vermittelt. Dazu ist auch auf wesentliche Bewertungsgrundlagen sowie darauf einzugehen, welchen Einfluss Änderungen in den Bewertungsgrundlagen einschließlich der Ausübung von Bilanzierungs- und Bewertungswahlrechten und der Ausnutzung von Ermessensspielräumen sowie sachverhaltsgestaltende Maßnahmen insgesamt auf die Darstellung der Vermögens-, Finanz- und Ertragslage haben. Hierzu sind die Posten des Jahres- und des Konzernabschlusses aufzugliedern und ausreichend zu erläutern, soweit diese Angaben nicht im Anhang enthalten sind. Es ist darzustellen, ob die gesetzlichen Vertreter die verlangten Aufklärungen und Nachweise erbracht haben.

(3) In einem besonderen Abschnitt des Prüfungsberichts sind Gegenstand, Art und Umfang der Prüfung zu erläutern.

(4) Ist im Rahmen der Prüfung eine Beurteilung nach § 317 Abs. 4 abgegeben worden, so ist deren Ergebnis in einem besonderen Teil des Prüfungsberichts darzustellen. Es ist darauf einzugehen, ob Maßnahmen erforderlich sind, um das interne Überwachungssystem zu verbessern.

(5) Der Abschlußprüfer hat den Bericht zu unterzeichnen und den gesetzlichen Vertretern vorzulegen. Hat der Aufsichtsrat den Auftrag erteilt, so ist der Bericht ihm vorzulegen; dem Vorstand ist vor Zuleitung Gelegenheit zur Stellungnahme zu geben.

HGB § 322 Bestätigungsvermerk

(1) Der Abschlußprüfer hat das Ergebnis der Prüfung in einem Bestätigungsvermerk zum Jahresabschluß und zum Konzernabschluß zusammenzufassen. Der Bestätigungsvermerk hat neben einer Beschreibung von Gegenstand, Art und Umfang der Prüfung auch eine Beurteilung des Prüfungsergebnisses zu enthalten. Sind vom Abschlußprüfer keine Einwendungen zu erheben, so hat er in seinem Bestätigungsvermerk zu erklären, daß die von ihm nach § 317 durchgeführte Prüfung zu keinen Einwendungen geführt hat und daß der von den gesetzlichen Vertretern der Gesellschaft aufgestellte Jahres- oder Konzernabschluß aufgrund der bei der Prüfung gewonnenen Erkenntnisse des Abschlußprüfers nach seiner Beurteilung unter Beachtung der Grundsätze ordnungsmäßiger Buchführung ein den tatsächlichen Verhältnissen entsprechendes Bild der Vermögens-, Finanz- und Ertragslage des Unternehmens oder des Konzerns vermittelt.

(2) Die Beurteilung des Prüfungsergebnisses soll allgemeinverständlich und problemorientiert unter Berücksichtigung des Umstandes erfolgen, daß die gesetzlichen Vertreter den Abschluß zu verantworten haben. Auf Risiken, die den Fortbestand des Unternehmens gefährden, ist gesondert einzugehen.

(3) Im Bestätigungsvermerk ist auch darauf einzugehen, ob der Lagebericht und der Konzernlagebericht insgesamt nach der Beurteilung des Abschlußprüfers eine zutreffende Vorstellung von der Lage des Unternehmens oder des Konzerns vermittelt. Dabei ist auch darauf einzugehen, ob die Risiken der künftigen Entwicklung zutreffend dargestellt sind.

(4) Sind Einwendungen zu erheben, so hat der Abschlußprüfer seine Erklärung nach Absatz 1 Satz 3 einzuschränken oder zu versagen. Die Versagung ist in den Vermerk, der nicht mehr als Bestätigungsvermerk zu bezeichnen ist, aufzunehmen. Die Einschränkung und die Versagung sind zu begründen. Einschränkungen sind so darzustellen, daß deren Tragweite erkennbar wird.

(5) Der Abschlußprüfer hat den Bestätigungsvermerk oder den Vermerk über seine Versagung unter Angabe von Ort und Tag zu unterzeichnen. Der Bestätigungsvermerk oder der Vermerk über seine Versagung ist auch in den Prüfungsbericht aufzunehmen.

HGB § 323 Verantwortlichkeit des Abschlussprüfers

(1) Der Abschlußprüfer hat das Ergebnis der Prüfung in einem Bestätigungsvermerk zum Jahresabschluß und zum Konzernabschluß zusammenzufassen. Der Bestätigungsvermerk hat neben einer Beschreibung von Gegenstand, Art und

Umfang der Prüfung auch eine Beurteilung des Prüfungsergebnisses zu enthalten. Sind vom Abschlußprüfer keine Einwendungen zu erheben, so hat er in seinem Bestätigungsvermerk zu erklären, daß die von ihm nach § 317 durchgeführte Prüfung zu keinen Einwendungen geführt hat und daß der von den gesetzlichen Vertretern der Gesellschaft aufgestellte Jahres- oder Konzernabschluß aufgrund der bei der Prüfung gewonnenen Erkenntnisse des Abschlußprüfers nach seiner Beurteilung unter Beachtung der Grundsätze ordnungsmäßiger Buchführung ein den tatsächlichen Verhältnissen entsprechendes Bild der Vermögens-, Finanz- und Ertragslage des Unternehmens oder des Konzerns vermittelt.

(2) Die Beurteilung des Prüfungsergebnisses soll allgemeinverständlich und problemorientiert unter Berücksichtigung des Umstandes erfolgen, daß die gesetzlichen Vertreter den Abschluß zu verantworten haben. Auf Risiken, die den Fortbestand des Unternehmens gefährden, ist gesondert einzugehen.

(3) Im Bestätigungsvermerk ist auch darauf einzugehen, ob der Lagebericht und der Konzernlagebericht insgesamt nach der Beurteilung des Abschlußprüfers eine zutreffende Vorstellung von der Lage des Unternehmens oder des Konzerns vermittelt. Dabei ist auch darauf einzugehen, ob die Risiken der künftigen Entwicklung zutreffend dargestellt sind.

(4) Sind Einwendungen zu erheben, so hat der Abschlußprüfer seine Erklärung nach Absatz 1 Satz 3 einzuschränken oder zu versagen. Die Versagung ist in den Vermerk, der nicht mehr als Bestätigungsvermerk zu bezeichnen ist, aufzunehmen. Die Einschränkung und die Versagung sind zu begründen. Einschränkungen sind so darzustellen, daß deren Tragweite erkennbar wird.

(5) Der Abschlußprüfer hat den Bestätigungsvermerk oder den Vermerk über seine Versagung unter Angabe von Ort und Tag zu unterzeichnen. Der Bestätigungsvermerk oder der Vermerk über seine Versagung ist auch in den Prüfungsbericht aufzunehmen.

D. Steuerberatungsgesetz – StBerG (Auszug)

StBerG § 57 Allgemeine Berufspflichten

(1) Steuerberater und Steuerbevollmächtigte haben ihren Beruf unabhängig, eigenverantwortlich, gewissenhaft, verschwiegen und unter Verzicht auf berufswidrige Werbung auszuüben.

(2) Steuerberater und Steuerbevollmächtigte haben sich jeder Tätigkeit zu enthalten, die mit ihrem Beruf oder mit dem Ansehen des Berufs nicht vereinbar ist. Sie haben sich auch außerhalb der Berufstätigkeit des Vertrauens und der Achtung würdig zu erweisen, die ihr Beruf erfordert.

(3) Mit dem Beruf eines Steuerberaters oder eines Steuerbevollmächtigten sind insbesondere vereinbar

1. die Tätigkeit als Wirtschaftsprüfer, Rechtsanwalt, niedergelassener europäischer Rechtsanwalt oder vereidigter Buchprüfer;

2. eine freiberufliche Tätigkeit, die die Wahrnehmung fremder Interessen einschließlich der Beratung zum Gegenstand hat;

3. eine wirtschaftsberatende, gutachtliche oder treuhänderische Tätigkeit sowie die Erteilung von Bescheinigungen über die Beachtung steuerrechtlicher Vorschriften in Vermögensübersichten und Erfolgsrechnungen;

4. die Tätigkeit eines Lehrers an Hochschulen und wissenschaftlichen Instituten; dies gilt nicht für Lehrer an staatlichen verwaltungsinternen Fachhochschulen mit Ausbildungsgängen für den öffentlichen Dienst;

5. eine freie schriftstellerische Tätigkeit sowie eine freie Vortrags- und Lehrtätigkeit;

6. die Durchführung von Lehr- und Vortragsveranstaltungen zur Vorbereitung auf die Steuerberaterprüfung sowie die Prüfung als Wirtschaftsprüfer und vereidigter Buchprüfer und zur Fortbildung der Mitglieder der Steuerberaterkammern und deren Mitarbeiter.

(4) Als Tätigkeiten, die mit dem Beruf des Steuerberaters und des Steuerbevollmächtigten nicht vereinbar sind, gelten insbesondere

1. eine gewerbliche Tätigkeit;

2. eine Tätigkeit als Arbeitnehmer mit Ausnahme der Fälle des Absatzes 3 Nr. 4 sowie der §§ 58 und 59.

StBerG § 66 Handakten

(1) Der Steuerberater oder Steuerbevollmächtigte hat die Handakten auf die Dauer von sieben Jahren nach Beendigung des Auftrages aufzubewahren. Diese Verpflichtung erlischt jedoch schon vor Beendigung dieses Zeitraums, wenn der Steuerberater oder Steuerbevollmächtigte den Auftraggeber aufgefordert hat, die Handakten in Empfang zu nehmen, und der Auftraggeber dieser Aufforderung binnen sechs Monaten, nachdem er sie erhalten hat, nicht nachgekommen ist.

(2) Zu den Handakten im Sinne dieser Vorschrift gehören alle Schriftstücke, die der Steuerberater oder Steuerbevollmächtigte aus Anlaß seiner beruflichen Tätigkeit von dem Auftraggeber oder für ihn erhalten hat. Dies gilt jedoch nicht für den Briefwechsel zwischen dem Steuerberater oder Steuerbevollmächtigten und seinem Auftraggeber und für die Schriftstücke, die dieser bereits in Urschrift oder Abschrift erhalten hat sowie für die zu internen Zwecken gefertigten Arbeitspapiere.

(3) Die in anderen Gesetzen getroffenen Regelungen über die Pflicht zur Aufbewahrung von Geschäftsunterlagen bleiben unberührt.

(4) Der Steuerberater oder Steuerbevollmächtigte kann seinem Auftraggeber die Herausgabe der Handakten verweigern, bis er wegen seiner Gebühren und Auslagen befriedigt ist. Dies gilt nicht, soweit die Vorenthaltung der Handakten oder einzelner Schriftstücke nach den Umständen, insbesondere wegen verhältnismäßiger Geringfügigkeit der geschuldeten Beträge, gegen Treu und Glauben verstoßen würde.

StBerG § 80 Pflicht zum Erscheinen vor der Steuerberaterkammer

(1) Persönliche Mitglieder der Steuerberaterkammer haben in Aufsichts- und Beschwerdesachen vor der Steuerberaterkammer zu erscheinen, wenn sie zur Anhörung geladen werden. Auf Verlangen haben sie dem Vorstand oder dem durch die Satzung bestimmten Organ der Steuerberaterkammer oder einem beauftragten Mitglied des Vorstandes oder des Organs Auskunft zu geben und ihre Handakten vorzulegen, es sei denn, daß sie dadurch ihre Verpflichtung zur Verschwiegenheit verletzen würden.

(2) Sofern Steuerberatungsgesellschaften, die ihren Sitz im Kammerbezirk haben, nicht oder nicht mehr durch persönliche Mitglieder der Steuerberaterkammer vertreten sind, gilt Absatz 1 auch für deren gesetzliche Vertreter, die keine persönlichen Mitglieder sind.

E. Wirtschaftsprüferordnung – WPO (Auszug)

WPO § 1 Wirtschaftsprüfer und Wirtschaftsprüfungsgesellschaften

(1) Wirtschaftsprüfer ist, wer als solcher öffentlich bestellt ist. Die Bestellung setzt den Nachweis der persönlichen und fachlichen Eignung im Zulassungs- und Prüfungsverfahren voraus.

(2) Der Wirtschaftsprüfer übt einen freien Beruf aus. Seine Tätigkeit ist kein Gewerbe.

(3) Wirtschaftsprüfungsgesellschaften bedürfen der Anerkennung. Die Anerkennung setzt den Nachweis voraus, daß die Gesellschaft von Wirtschaftsprüfern verantwortlich geführt wird.

WPO § 2 Inhalt der Tätigkeit

(1) Wirtschaftsprüfer haben die berufliche Aufgabe, betriebswirtschaftliche Prüfungen, insbesondere solche von Jahresabschlüssen wirtschaftlicher Unternehmen, durchzuführen und Bestätigungsvermerke über die Vornahme und das Ergebnis solcher Prüfungen zu erteilen.

(2) Wirtschaftsprüfer sind befugt, ihre Auftraggeber in steuerlichen Angelegenheiten nach Maßgabe der bestehenden Vorschriften zu beraten und zu vertreten.

(3) Wirtschaftsprüfer sind weiter befugt

1. unter Berufung auf ihren Berufseid auf den Gebieten der wirtschaftlichen Betriebsführung als Sachverständige aufzutreten;
2. in wirtschaftlichen Angelegenheiten zu beraten und fremde Interessen zu wahren;
3. zur treuhänderischen Verwaltung.

WPO § 51b Handakten

(1) Der Wirtschaftsprüfer muß durch Anlegung von Handakten ein zutreffendes Bild über die von ihm entfaltete Tätigkeit geben können.

(2) Der Wirtschaftsprüfer hat die Handakten auf die Dauer von sieben Jahren nach Beendigung des Auftrags aufzubewahren. Diese Verpflichtung erlischt jedoch schon vor Beendigung dieses Zeitraums, wenn der Wirtschaftsprüfer den Auftraggeber aufgefordert hat, die Handakten in Empfang zu nehmen, und der Auftraggeber dieser Aufforderung binnen sechs Monaten, nachdem er sie erhalten hat, nicht nachgekommen ist.

(3) Der Wirtschaftsprüfer kann seinem Auftraggeber die Herausgabe der Handakten verweigern, bis er wegen seiner Vergütung und Auslagen befriedigt ist. Dies gilt nicht, soweit die Vorenthaltung der Handakten oder einzelner Schriftstücke nach den Umständen unangemessen wäre.

(4) Handakten im Sinne der Absätze 2 und 3 sind nur die Schriftstücke, die der Wirtschaftsprüfer aus Anlaß seiner beruflichen Tätigkeit von dem Auftraggeber oder für ihn erhalten hat, nicht aber die Briefwechsel zwischen dem Wirtschaftsprüfer und seinem Auftraggeber, die Schriftstücke, die dieser bereits in Urschrift oder Abschrift erhalten hat, sowie die zu internen Zwecken gefertigten Arbeitspapiere.

(5) Die Absätze 1 bis 4 gelten entsprechend, soweit sich der Wirtschaftsprüfer zum Führen von Handakten der elektronischen Datenverarbeitung bedient. In anderen Gesetzen getroffene Regelungen über die Pflichten zur Aufbewahrung von Geschäftsunterlagen bleiben unberührt.

WPO § 60 Satzung

Die Organisation und Verwaltung der Wirtschaftsprüferkammer, insbesondere die Einrichtung von Landesgeschäftsstellen, werden in der Satzung der Wirtschaftsprüferkammer (Organisationssatzung) geregelt, die von der Wirtschaftsprüferversammlung beschlossen wird. Die Satzung und deren Änderungen bedürfen zu ihrer Wirksamkeit der Genehmigung des Bundesministeriums für Wirtschaft und Technologie.

WPO § 62 Pflicht zum Erscheinen vor der Wirtschaftsprüferkammer

Persönliche Mitglieder der Wirtschaftsprüferkammer haben in Aufsichts- und Beschwerdesachen vor der Wirtschaftsprüferkammer zu erscheinen, wenn sie zur Anhörung geladen werden. Auf Verlangen haben sie dem Vorstand, dem Beirat oder einem nach der Satzung zuständigen Ausschuß der Wirtschaftsprüferkammer oder einem beauftragten Mitglied des Vorstandes, des Beirates oder eines Ausschusses Auskunft zu geben und ihre Handakten vorzulegen, es sei denn, daß sie dadurch ihre Verpflichtung zur Verschwiegenheit verletzen würden.

F. Zivilprozessordnung – ZPO (Auszug)

ZPO § 136 Prozessleitung durch Vorsitzenden

(1) Der Vorsitzende eröffnet und leitet die Verhandlung.

(2) Er erteilt das Wort und kann es demjenigen, der seinen Anordnungen nicht Folge leistet, entziehen. Er hat jedem Mitglied des Gerichts auf Verlangen zu gestatten, Fragen zu stellen.

(3) Er hat Sorge zu tragen, daß die Sache erschöpfend erörtert und die Verhandlung ohne Unterbrechung zu Ende geführt wird; erforderlichenfalls hat er die Sitzung zur Fortsetzung der Verhandlung sofort zu bestimmen.

(4) Er schließt die Verhandlung, wenn nach Ansicht des Gerichts die Sache vollständig erörtert ist, und verkündet die Urteile und Beschlüsse des Gerichts.

ZPO § 138 Erklärungspflicht über Tatsachen; Wahrheitspflicht

(1) Die Parteien haben ihre Erklärungen über tatsächliche Umstände vollständig und der Wahrheit gemäß abzugeben.

(2) Jede Partei hat sich über die von dem Gegner behaupteten Tatsachen zu erklären.

(3) Tatsachen, die nicht ausdrücklich bestritten werden, sind als zugestanden anzusehen, wenn nicht die Absicht, sie bestreiten zu wollen, aus den übrigen Erklärungen der Partei hervorgeht.

(4) Eine Erklärung mit Nichtwissen ist nur über Tatsachen zulässig, die weder eigene Handlungen der Partei noch Gegenstand ihrer eigenen Wahrnehmung gewesen sind.

ZPO § 139 Materielle Prozessleitung

(1) Das Gericht hat das Sach- und Streitverhältnis, soweit erforderlich, mit den Parteien nach der tatsächlichen und rechtlichen Seite zu erörtern und Fragen zu stellen. Es hat dahin zu wirken, dass die Parteien sich rechtzeitig und vollständig über alle erheblichen Tatsachen erklären, insbesondere ungenügende Angaben zu den geltend gemachten Tatsachen ergänzen, die Beweismittel bezeichnen und die sachdienlichen Anträge stellen.

(2) Auf einen Gesichtspunkt, den eine Partei erkennbar übersehen oder für unerheblich gehalten hat, darf das Gericht, soweit nicht nur eine Nebenforderung betroffen ist, seine Entscheidung nur stützen, wenn es darauf hingewiesen und Gelegenheit zur Äußerung dazu gegeben hat. Dasselbe gilt für einen Gesichtspunkt, den das Gericht anders beurteilt als beide Parteien.

(3) Das Gericht hat auf die Bedenken aufmerksam zu machen, die hinsichtlich der von Amts wegen zu berücksichtigenden Punkte bestehen.

(4) Hinweise nach dieser Vorschrift sind so früh wie möglich zu erteilen und aktenkundig zu machen. Ihre Erteilung kann nur durch den Inhalt der Akten bewie-

sen werden. Gegen den Inhalt der Akten ist nur der Nachweis der Fälschung zulässig.

(5) Ist einer Partei eine sofortige Erklärung zu einem gerichtlichen Hinweis nicht möglich, so soll auf ihren Antrag das Gericht eine Frist bestimmen, in der sie die Erklärung in einem Schriftsatz nachbringen kann.

ZPO § 142 Anordnung der Urkundenvorlegung

(1) Das Gericht kann anordnen, dass eine Partei oder ein Dritter die in ihrem oder seinem Besitz befindlichen Urkunden und sonstigen Unterlagen, auf die sich eine Partei bezogen hat, vorlegt. Das Gericht kann hierfür eine Frist setzen sowie anordnen, dass die vorgelegten Unterlagen während einer von ihm zu bestimmenden Zeit auf der Geschäftsstelle verbleiben.

(2) Dritte sind zur Vorlegung nicht verpflichtet, soweit ihnen diese nicht zumutbar ist oder sie zur Zeugnisverweigerung gemäß den §§ 383 bis 385 berechtigt sind. Die §§ 386 bis 390 gelten entsprechend.

(3) Das Gericht kann anordnen, dass von in fremder Sprache abgefassten Urkunden eine Übersetzung beigebracht werde, die ein nach den Richtlinien der Landesjustizverwaltung hierzu ermächtigter Übersetzer angefertigt hat. Die Anordnung kann nicht gegenüber dem Dritten ergehen.

ZPO § 143 Anordnung der Aktenvorlegung

Das Gericht kann anordnen, daß die Parteien die in ihrem Besitz befindlichen Akten vorlegen, soweit diese aus Schriftstücken bestehen, welche die Verhandlung und Entscheidung der Sache betreffen.

ZPO § 273 Vorbereitung des Termins

(1) Das Gericht hat erforderliche vorbereitende Maßnahmen rechtzeitig zu veranlassen.

(2) Zur Vorbereitung jedes Termins kann der Vorsitzende oder ein von ihm bestimmtes Mitglied des Prozeßgerichts insbesondere

1. den Parteien die Ergänzung oder Erläuterung ihrer vorbereitenden Schriftsätze aufgeben, insbesondere eine Frist zur Erklärung über bestimmte klärungsbedürftige Punkte setzen;
2. Behörden oder Träger eines öffentlichen Amtes um Mitteilung von Urkunden oder um Erteilung amtlicher Auskünfte ersuchen;
3. das persönliche Erscheinen der Parteien anordnen;
4. Zeugen, auf die sich eine Partei bezogen hat, und Sachverständige zur mündlichen Verhandlung laden sowie eine Anordnung nach § 378 treffen;
5. Anordnungen nach den §§ 142, 144 treffen.

(3) Anordnungen nach Absatz 2 Nr. 4 und 5 soweit die Anordnungen nicht gegenüber einer Partei zu treffen sind, sollen nur ergehen, wenn der Beklagte dem

Klageanspruch bereits widersprochen hat. Für die Anordnungen nach Absatz 2 Nr. 4 gilt § 379 entsprechend.

(4) Die Parteien sind von jeder Anordnung zu benachrichtigen. Wird das persönliche Erscheinen der Parteien angeordnet, so gelten die Vorschriften des § 141 Abs. 2, 3.

ZPO § 286   Freie Beweiswürdigung

(1) Das Gericht hat unter Berücksichtigung des gesamten Inhalts der Verhandlungen und des Ergebnisses einer etwaigen Beweisaufnahme nach freier Überzeugung zu entscheiden, ob eine tatsächliche Behauptung für wahr oder für nicht wahr zu erachten sei. In dem Urteil sind die Gründe anzugeben, die für die richterliche Überzeugung leitend gewesen sind.

(2) An gesetzliche Beweisregeln ist das Gericht nur in den durch dieses Gesetz bezeichneten Fällen gebunden.

ZPO § 287   Schadensermittlung; Höhe der Forderung

(1) Ist unter den Parteien streitig, ob ein Schaden entstanden sei und wie hoch sich der Schaden oder ein zu ersetzendes Interesse belaufe, so entscheidet hierüber das Gericht unter Würdigung aller Umstände nach freier Überzeugung. Ob und inwieweit eine beantragte Beweisaufnahme oder von Amts wegen die Begutachtung durch Sachverständige anzuordnen sei, bleibt dem Ermessen des Gerichts überlassen. Das Gericht kann den Beweisführer über den Schaden oder das Interesse vernehmen; die Vorschriften des § 452 Abs. 1 Satz 1, Abs. 2 bis 4 gelten entsprechend.

(2) Die Vorschriften des Absatzes 1 Satz 1, 2 sind bei vermögensrechtlichen Streitigkeiten auch in anderen Fällen entsprechend anzuwenden, soweit unter den Parteien die Höhe einer Forderung streitig ist und die vollständige Aufklärung aller hierfür maßgebenden Umstände mit Schwierigkeiten verbunden ist, die zu der Bedeutung des streitigen Teiles der Forderung in keinem Verhältnis stehen.

ZPO § 299   Akteneinsicht; Abschriften

(1) Die Parteien können die Prozeßakten einsehen und sich aus ihnen durch die Geschäftsstelle Ausfertigungen, Auszüge und Abschriften erteilen lassen.

(2) Dritten Personen kann der Vorstand des Gerichts ohne Einwilligung der Parteien die Einsicht der Akten nur gestatten, wenn ein rechtliches Interesse glaubhaft gemacht wird.

(3) Soweit die Prozessakten als elektronische Dokumente vorliegen, ist die Akteneinsicht auf Ausdrucke beschränkt. Die Ausdrucke sind von der Geschäftsstelle zu fertigen.

(4) Die Entwürfe zu Urteilen, Beschlüssen und Verfügungen, die zu ihrer Vorbereitung gelieferten Arbeiten sowie die Schriftstücke, die Abstimmungen betreffen, werden weder vorgelegt noch abschriftlich mitgeteilt.

ZPO § 355 Unmittelbarkeit der Beweisaufnahme

(1) Die Beweisaufnahme erfolgt vor dem Prozeßgericht. Sie ist nur in den durch dieses Gesetz bestimmten Fällen einem Mitglied des Prozeßgerichts oder einem anderen Gericht zu übertragen.

(2) Eine Anfechtung des Beschlusses, durch den die eine oder die andere Art der Beweisaufnahme angeordnet wird, findet nicht statt.

ZPO § 371 Beweis durch Augenschein

(1) Der Beweis durch Augenschein wird durch Bezeichnung des Gegenstandes des Augenscheins und durch die Angabe der zu beweisenden Tatsachen angetreten. Ist ein elektronisches Dokument Gegenstand des Beweises, wird der Beweis durch Vorlegung oder Übermittlung der Datei angetreten.

(2) Befindet sich der Gegenstand nach der Behauptung des Beweisführers nicht in seinem Besitz, so wird der Beweis außerdem durch den Antrag angetreten, zur Herbeischaffung des Gegenstandes eine Frist zu setzen oder eine Anordnung nach § 144 zu erlassen. Die §§ 422 bis 432 gelten entsprechend.

(3) Vereitelt eine Partei die ihr zumutbare Einnahme des Augenscheins, so können die Behauptungen des Gegners über die Beschaffenheit des Gegenstandes als bewiesen angesehen werden.

ZPO § 379 Auslagenvorschuss

Das Gericht kann die Ladung des Zeugen davon abhängig machen, daß der Beweisführer einen hinreichenden Vorschuß zur Deckung der Auslagen zahlt, die der Staatskasse durch die Vernehmung des Zeugen erwachsen. Wird der Vorschuß nicht innerhalb der bestimmten Frist gezahlt, so unterbleibt die Ladung, wenn die Zahlung nicht so zeitig nachgeholt wird, daß die Vernehmung durchgeführt werden kann, ohne daß dadurch nach der freien Überzeugung des Gerichts das Verfahren verzögert wird.

ZPO § 383 Zeugnisverweigerungsrecht aus persönlichen Gründen

(1) Zur Verweigerung des Zeugnisses sind berechtigt:

1. der Verlobte einer Partei;
2. der Ehegatte einer Partei, auch wenn die Ehe nicht mehr besteht;
2a. der Lebenspartner einer Partei, auch wenn die Lebenspartnerschaft nicht mehr besteht;
3. diejenigen, die mit einer Partei in gerader Linie verwandt oder verschwägert, in der Seitenlinie bis zum dritten Grad verwandt oder bis zum zweiten Grad verschwägert sind oder waren;
4. Geistliche in Ansehung desjenigen, was ihnen bei der Ausübung der Seelsorge anvertraut ist;

5. Personen, die bei der Vorbereitung, Herstellung oder Verbreitung von periodischen Druckwerken oder Rundfunksendungen berufsmäßig mitwirken oder mitgewirkt haben, über die Person des Verfassers, Einsenders oder Gewährsmanns von Beiträgen und Unterlagen sowie über die ihnen im Hinblick auf ihre Tätigkeit gemachten Mitteilungen, soweit es sich um Beiträge, Unterlagen und Mitteilungen für den redaktionellen Teil handelt;

6. Personen, denen kraft ihres Amtes, Standes oder Gewerbes Tatsachen anvertraut sind, deren Geheimhaltung durch ihre Natur oder durch gesetzliche Vorschrift geboten ist, in betreff der Tatsachen, auf welche die Verpflichtung zur Verschwiegenheit sich bezieht.

(2) Die unter Nummern 1 bis 3 bezeichneten Personen sind vor der Vernehmung über ihr Recht zur Verweigerung des Zeugnisses zu belehren.

(3) Die Vernehmung der unter Nummern 4 bis 6 bezeichneten Personen ist, auch wenn das Zeugnis nicht verweigert wird, auf Tatsachen nicht zu richten, in Ansehung welcher erhellt, daß ohne Verletzung der Verpflichtung zur Verschwiegenheit ein Zeugnis nicht abgelegt werden kann.

ZPO § 384 Zeugnisverweigerungsrecht aus sachlichen Gründen

Das Zeugnis kann verweigert werden:

1. über Fragen, deren Beantwortung dem Zeugen oder einer Person, zu der er in einem der im § 383 Nr. 1 bis 3 bezeichneten Verhältnisse steht, einen unmittelbaren vermögensrechtlichen Schaden verursachen würde;

2. über Fragen, deren Beantwortung dem Zeugen oder einem seiner im § 383 Nr. 1 bis 3 bezeichneten Angehörigen zur Unehre gereichen oder die Gefahr zuziehen würde, wegen einer Straftat oder einer Ordnungswidrigkeit verfolgt zu werden;

3. über Fragen, die der Zeuge nicht würde beantworten können, ohne ein Kunst- oder Gewerbegeheimnis zu offenbaren.

ZPO § 404 a Leitung der Tätigkeit des Sachverständigen

(1) Das Gericht hat die Tätigkeit des Sachverständigen zu leiten und kann ihm für Art und Umfang seiner Tätigkeit Weisungen erteilen.

(2) Soweit es die Besonderheit des Falles erfordert, soll das Gericht den Sachverständigen vor Abfassung der Beweisfrage hören, ihn in seine Aufgabe einweisen und ihm auf Verlangen den Auftrag erläutern.

(3) Bei streitigem Sachverhalt bestimmt das Gericht, welche Tatsachen der Sachverständige der Begutachtung zugrunde legen soll.

(4) Soweit es erforderlich ist, bestimmt das Gericht, in welchem Umfang der Sachverständige zur Aufklärung der Beweisfrage befugt ist, inwieweit er mit den Parteien in Verbindung treten darf und wann er ihnen die Teilnahme an seinen Ermittlungen zu gestatten hat.

(5) Weisungen an den Sachverständigen sind den Parteien mitzuteilen. Findet ein besonderer Termin zur Einweisung des Sachverständigen statt, so ist den Parteien die Teilnahme zu gestatten.

ZPO § 415   Beweiskraft öffentlicher Urkunden über Erklärungen

(1) Urkunden, die von einer öffentlichen Behörde innerhalb der Grenzen ihrer Amtsbefugnisse oder von einer mit öffentlichem Glauben versehenen Person innerhalb des ihr zugewiesenen Geschäftskreises in der vorgeschriebenen Form aufgenommen sind (öffentliche Urkunden), begründen, wenn sie über eine vor der Behörde oder der Urkundsperson abgegebene Erklärung errichtet sind, vollen Beweis des durch die Behörde oder die Urkundsperson beurkundeten Vorganges.

(2) Der Beweis, daß der Vorgang unrichtig beurkundet sei, ist zulässig.

ZPO § 416   Beweiskraft von Privaturkunden

Privaturkunden begründen, sofern sie von den Ausstellern unterschrieben oder mittels notariell beglaubigten Handzeichens unterzeichnet sind, vollen Beweis dafür, daß die in ihnen enthaltenen Erklärungen von den Ausstellern abgegeben sind.

ZPO § 419   Beweiskraft mangelbehafteter Urkunden

Inwiefern Durchstreichungen, Radierungen, Einschaltungen oder sonstige äußere Mängel die Beweiskraft einer Urkunde ganz oder teilweise aufheben oder mindern, entscheidet das Gericht nach freier Überzeugung.

ZPO § 420   Vorlegung durch Beweisführer; Beweisantritt

Der Beweis wird durch die Vorlegung der Urkunde angetreten.

ZPO § 421   Vorlegung durch den Gegner; Beweisantritt

Befindet sich die Urkunde nach der Behauptung des Beweisführers in den Händen des Gegners, so wird der Beweis durch den Antrag angetreten, dem Gegner die Vorlegung der Urkunde aufzugeben.

ZPO § 422   Vorlegungspflicht des Gegners nach bürgerlichem Recht

Der Gegner ist zur Vorlegung der Urkunde verpflichtet, wenn der Beweisführer nach den Vorschriften des bürgerlichen Rechts die Herausgabe oder die Vorlegung der Urkunde verlangen kann.

ZPO § 423 Vorlegungspflicht des Gegners bei Bezugnahme

Der Gegner ist auch zur Vorlegung der in seinen Händen befindlichen Urkunden verpflichtet, auf die er im Prozeß zur Beweisführung Bezug genommen hat, selbst wenn es nur in einem vorbereitenden Schriftsatz geschehen ist.

ZPO § 424 Antrag bei Vorlegung durch Gegner

Der Antrag soll enthalten:

1. die Bezeichnung der Urkunde;
2. die Bezeichnung der Tatsachen, die durch die Urkunde bewiesen werden sollen;
3. die möglichst vollständige Bezeichnung des Inhalts der Urkunde;
4. die Angabe der Umstände, auf welche die Behauptung sich stützt, daß die Urkunde sich in dem Besitz des Gegners befindet;
5. die Bezeichnung des Grundes, der die Verpflichtung zur Vorlegung der Urkunde ergibt. Der Grund ist glaubhaft zu machen.

ZPO § 425 Anordnung der Vorlegung durch Gegner

Erachtet das Gericht die Tatsache, die durch die Urkunde bewiesen werden soll, für erheblich und den Antrag für begründet, so ordnet es, wenn der Gegner zugesteht, daß die Urkunde sich in seinen Händen befinde, oder wenn der Gegner sich über den Antrag nicht erklärt, die Vorlegung der Urkunde an.

ZPO § 426 Vernehmung des Gegners über den Verbleib

Bestreitet der Gegner, daß die Urkunde sich in seinem Besitz befinde, so ist er über ihren Verbleib zu vernehmen. In der Ladung zum Vernehmungstermin ist ihm aufzugeben, nach dem Verbleib der Urkunde sorgfältig zu forschen. Im übrigen gelten die Vorschriften der §§ 449 bis 454 entsprechend. Gelangt das Gericht zu der Überzeugung, daß sich die Urkunde im Besitz des Gegners befindet, so ordnet es die Vorlegung an.

ZPO § 427 Folgen der Nichtvorlegung durch Gegner

Kommt der Gegner der Anordnung, die Urkunde vorzulegen, nicht nach oder gelangt das Gericht im Falle des § 426 zu der Überzeugung, daß er nach dem Verbleib der Urkunde nicht sorgfältig geforscht habe, so kann eine vom Beweisführer beigebrachte Abschrift der Urkunde als richtig angesehen werden. Ist eine Abschrift der Urkunde nicht beigebracht, so können die Behauptungen des Beweisführers über die Beschaffenheit und den Inhalt der Urkunde als bewiesen angenommen werden.

ZPO § 428 Vorlegung durch Dritte; Beweisantritt

Befindet sich die Urkunde nach der Behauptung des Beweisführers im Besitz eines Dritten, so wird der Beweis durch den Antrag angetreten, zur Herbeischaffung der Urkunde eine Frist zu bestimmen oder eine Anordnung nach § 142 zu erlassen.

ZPO § 429 Vorlegungspflicht Dritter

Der Dritte ist aus denselben Gründen wie der Gegner des Beweisführers zur Vorlegung einer Urkunde verpflichtet; er kann zur Vorlegung nur im Wege der Klage genötigt werden. § 142 bleibt unberührt.

ZPO § 430 Antrag bei Vorlegung durch Dritte

Zur Begründung des nach § 428 zu stellenden Antrages hat der Beweisführer den Erfordernissen des § 424 Nr. 1 bis 3, 5 zu genügen und außerdem glaubhaft zu machen, daß die Urkunde sich in den Händen des Dritten befinde.

ZPO § 431 Vorlegungsfrist bei Vorlegung durch Dritte

(1) Ist die Tatsache, die durch die Urkunde bewiesen werden soll, erheblich und entspricht der Antrag den Vorschriften des vorstehenden Paragraphen, so hat das Gericht durch Beschluss eine Frist zur Vorlegung der Urkunde zu bestimmen.

(2) Der Gegner kann die Fortsetzung des Verfahrens vor dem Ablauf der Frist beantragen, wenn die Klage gegen den Dritten erledigt ist oder wenn der Beweisführer die Erhebung der Klage oder die Betreibung des Prozesses oder der Zwangsvollstreckung verzögert.

ZPO § 434 Vorlegung vor beauftragtem oder ersuchtem Richter

Wenn eine Urkunde bei der mündlichen Verhandlung wegen erheblicher Hindernisse nicht vorgelegt werden kann oder wenn es bedenklich erscheint, sie wegen ihrer Wichtigkeit und der Besorgnis ihres Verlustes oder ihrer Beschädigung vorzulegen, so kann das Prozeßgericht anordnen, daß sie vor einem seiner Mitglieder oder vor einem anderen Gericht vorgelegt werde.

ZPO § 436 Verzicht nach Vorlegung

Der Beweisführer kann nach der Vorlegung einer Urkunde nur mit Zustimmung des Gegners auf dieses Beweismittel verzichten.

ZPO § 439 Erklärung über Echtheit von Privaturkunden

(1) Über die Echtheit einer Privaturkunde hat sich der Gegner des Beweisführers nach der Vorschrift des § 138 zu erklären.

(2) Befindet sich unter der Urkunde eine Namensunterschrift, so ist die Erklärung auf die Echtheit der Unterschrift zu richten.

(3) Wird die Erklärung nicht abgegeben, so ist die Urkunde als anerkannt anzusehen, wenn nicht die Absicht, die Echtheit bestreiten zu wollen, aus den übrigen Erklärungen der Partei hervorgeht.

ZPO § 440 Beweis der Echtheit von Privaturkunden

(1) Die Echtheit einer nicht anerkannten Privaturkunde ist zu beweisen.

(2) Steht die Echtheit der Namensunterschrift fest oder ist das unter einer Urkunde befindliche Handzeichen notariell beglaubigt, so hat die über der Unterschrift oder dem Handzeichen stehende Schrift die Vermutung der Echtheit für sich.

ZPO § 444 Folgen der Beseitigung einer Urkunde

Ist eine Urkunde von einer Partei in der Absicht, ihre Benutzung dem Gegner zu entziehen, beseitigt oder zur Benutzung untauglich gemacht, so können die Behauptungen des Gegners über die Beschaffenheit und den Inhalt der Urkunde als bewiesen angesehen werden.

Stichwortverzeichnis

Die Zahlen verweisen auf die Seitenzahlen.

Abschlussprüfer
- Gesellschaftsübergreifende Funktion   11, 19 Fn. 82, 39 ff., 41, 42
- Haftung   36, 42
- Informationsrechte   30
- KonTraG   30
- Organstellung   20 Fn. 88, 31 Fn. 130, 41
- Rechtsstellung   41–42
- Sachwalterhaftung   37–38
- Sozietätsverbot   41
- Treupflichten   20 Fn. 88, 31 Fn. 130
- Vergütung   12, 44
- Vertrauenshaftung   38–39

Abschlussprüfung
- Einführung   41
- Erwartungslücke (Expectation Gap)   31
- Freiwillige Abschlussprüfung   12, 14 Fn. 58
- Gemeinschaftsprüfung   3, 32, 35
- Gesellschaftsübergreifende Funktion   11, 19 Fn. 82, 39 ff., 41, 42
- Grundsätze ordnungsmäßiger Abschlussprüfung (GoA)   24
- Hauptprüfung   3
- Nachschau   3, 4
- Peer Review   3, 32
- Pflichtprüfung   11, 12, 13, 40
- Planung   8
- Vorprüfung   3

Aktienrecht   40, 53 ff.

Allgemeine Auftragsbedingungen (AAB)   1, 16

Allgemeines Persönlichkeitsrecht   10, 13, 28, 29

Analogie   44

Anwaltsrecht
- Dokumentation   25, 26
- Handakten   32 Fn. 131, 48 Fn. 185, 48 Fn. 187

Arbeitspapiere
- Audit Evidence   3
- Aufbewahrung   1, 15 Fn. 64, 21 Fn. 92
- Begriff   2
- Berichtskritik   3
- Besitz   7
- Bestandteile   2
- Beurkundungswert   50
- Beweiserheblichkeit   7, 35
- Beweissicherungspflicht   27–28, 35
- Bezeichnung im Prozess   57
- Checklisten   4
- Dokumentation   3, 24, 53
- Eigentum des Prüfers   15
- Elektronische Unterlagen   2 Fn. 4, 55 Fn. 209
- Form   4
- Funktion   2, 3, 23
- Gliederung   4
- Herausgabe   4, 5, 9, 11 ff., 13, 15 Fn. 64, 16
- IDW PS 460: *Arbeitspapiere des Abschlussprüfers*   2, 4, 35
- Inhalt   4
- Interne Nachschau der Prüfungsqualität   3
- ISA 230: *Documentation*   2 Fn. 7
- Mandantenunterlagen   16, 25, 44, 48
- Musterbriefe   4
- Nachweis im Regressfall   7, 28, 35
- Prüfer für Qualitätskontrolle   2 Fn. 6, 3 Fn. 17, 14
- Prüferische Durchsicht von Abschlüssen   2 Fn. 6
- Prüfung des internen Kontrollsystems   3 Fn. 11

- Prüfungsnachweise 3 Fn. 10
- Rechenschaftsfunktion 23, 26, 32, 48 Fn. 185
- Rechtsanwalt 26
- Schadenshaftpflichtversicherer 55 Fn. 208
- Schriftwechsel 21 Fn. 92, 25, 51
- Steuerberater 3 Fn. 12, 4 Fn. 18, 13 Fn. 54, 28
- Umweltberichtsprüfer 2 Fn. 6
- Urkunden 50
- USA 31 Fn. 127, 39 Fn. 155
- Verwendung der Arbeit eines anderen externen Prüfers 3 Fn. 11, 33
- Vorlegung an Sachverständige 7, 56, 60, 61, 62
- Vorlegung im Prozess 5, 7 ff., 9, 11 ff.
- Vorlegung vor dem beauftragten oder ersuchten Richter 7
- WebTrust-Prüfer 2 Fn. 6
- Wirtschaftsprüfer 2, 3
- 5. WPO-Novelle 14 Fn. 56
- Zweck 13, 14, 17 Fn. 71, 23, 26, 33, 34, 50

Arztrecht
- Aufklärungshindernisse 29
- Behandlungsvertrag 28
- Berufsordnung 28
- Beweissicherung 28
- Beweiserleichterungen 29
- Beweislast für Arztfehler 29
- Dokumentation 25, 26, 28
- Einsichtnahmerecht des Patienten 22
- Informationsgefälle 34
- Krankenunterlagen 28, 29, 32

Audit Evidence 3
Aufsichtsrat 31

Berichtskritik 3
Berufsrecht 9, 16
Bestätigungsvermerk 3, 13, 14 Fn. 58, 30
Beweisaufnahme, Unmittelbarkeit der 8
Buchhaltung 12 Fn. 48

Bürgerliches Recht
- Begriff 9, 10
- Normenkonkurrenz 23, 24, 47

Dauerakten 49
Deliktsrecht
- Gesetzliches Schuldverhältnis 22 Fn. 94
- Rechtsgüterschutz 17
- Schutz des Integritätsinteresses 39 Fn. 154
Direktanspruch gegen Versicherer 55 Fn. 208
Dokumentation
- Arbeitspapiere 3
- Berufsrechtliche Dokumentationspflicht 1, 24 ff., 53
- Elektronische Dokumentation 1 Fn. 4, 55 Fn. 209
- Papierform 1 Fn. 4

Entschließungsfreiheit 18 Fn. 74
Ersatzgesetzgebung 45
Erwartungslücke 31
Expectation Gap 31

Finanzmärkte 42

Gemeinschaftsprüfung 3, 32, 35
Gewerblicher Rechtsschutz 9
Grundgesetz
- Freie Entfaltung der Persönlichkeit 28, 33
- Grundrechtsfähigkeit juristischer Personen 34
- Rechtliches Gehör 61
- Rechtsstaatsprinzip 8
- Selbstbestimmungsrecht 28, 29, 33
- Willkürverbot 62
- Würde des Menschen 28, 29, 33
Grundsätze ordnungsmäßiger Abschlussprüfung (GoA) 25
Grundschuldbrief 47

Handakten
- Anlegung 1, 63

Stichwortverzeichnis

- Aufbewahrung 1, 15 Fn. 64, 21 Fn. 92
- Bestandteile 2
- Eigentum des Prüfers 15
- Herausgabe 1, 2, 16
- Mandantenunterlagen 16, 25, 44, 48
- Rechtsanwalt 32 Fn. 131, 48 Fn. 185, 49 Fn. 187
- Schriftwechsel 21 Fn. 92, 25, 51
- Steuerberater 1 Fn. 2, 2
- Wirtschaftsprüfer 1

Handelsrecht
- Dokumentation von Prüfungshandlungen 52
- Kontrollrecht der Gesellschafter 52
- Überwachungsrechte 51
- Vorlegung von Handelsbüchern 52

Hypothekenbrief 47

Informationsäquivalenz 26, 27, 34
Informationsinteresse des Auftraggebers 14, 15, 18 Fn. 74, 30, 42
Institut der Wirtschaftsprüfer (IDW) 4
- Hauptfachausschuss 32, 35
- IDW PS 460: *Arbeitspapiere des Abschlussprüfers* 2, 4, 35
- Satzung des IDW 36

International Standards on Auditing (ISA) 1 Fn. 3, 31 Fn. 127
Interne Nachschau der Prüfungsqualität 3
Internes Kontrollsystem 3 Fn. 11

Kapitalmarkt 42
Kontrolle und Transparenz im Unternehmensbereich 30, 40
Kreditinstitute 40

Mandantenunterlagen 16, 25, 44, 48
Markenrecht 9

Nachtragsprüfung 13 Fn. 53, 32, 51
Normenkonkurrenz 24, 47

Patentrecht 9
Peer Review 3, 32
Pre-trial Discovery of Documents 10, 31 Fn. 127, 39 Fn. 155, 59
Prüfer für Qualitätskontrolle 2 Fn. 6, 4 Fn. 17, 14
Prüfungsauftrag
- Ablehnung 21
- Angebot 50
- Annahme 50
- Aufdeckung strafrechtlicher Tatbestände 11 Fn. 40
- Aufklärungspflichten 18, 20
- Auftragsbestätigung 50
- Auftragserteilungsschreiben 49
- Auftragsrecht 16, 47
- Auskunftspflicht 21
- Auslegung 29, 39, 44
- Berichtspflicht 31
- Berufsrecht 16
- Beweissicherungspflicht 27
- Charakteristische Leistung 12
- Dienstvertrag 11
- Einsichtnahmerecht 22
- Ergänzung 11 Fn. 40, 16, 51
- Erweiterung 11 Fn. 40, 16, 51
- Freiwillige Abschlussprüfung 12
- Geschäftsführungsprüfung 11 Fn. 40
- Geschäftsbesorgung 11, 48
- Hauptleistungspflichten 12, 13, 16, 31
- Hilfspersonen 12
- Informationsinteresse des Auftraggebers 14, 15, 18 Fn. 74, 30, 41
- Inhalt 12, 16
- KonTraG 30
- Kostenvoranschlag 20
- Kündigung 12, 14
- Mitwirkungspflichten 20, 21
- Nachtragsprüfung 13 Fn. 53, 32, 51
- Nebenpflichten 17 ff., 24, 26, 43
- Nichtigkeit 19
- Obhutspflichten 18, 20, 21
- Pflichtprüfung 11, 12, 13
- Positive Forderungsverletzung 39 Fn. 154

Stichwortverzeichnis

- Prüfungsinhalte 12
- Rechtliche Ermittlungen 11 Fn. 40
- Rechtsnatur 11
- Redepflicht 20, 31
- Rücksichtnahme auf schutzwürdige Belange 19
- Sachverständigenhaftung 37 Fn. 148
- Schriftlichkeit 16, 51–52
- Schutz des Schwächeren 34
- Schutzpflichten 18 ff.
- Sorgfaltspflichten 17 ff.
- Unterschlagungsprüfung 11 Fn. 40
- Vergütung 12, 44
- Verjährung 12
- Vertrag mit Schutzwirkung für Dritte 37
- Warnpflicht 20, 31
- Werkvertrag 12
- Zusammenarbeit der Vertragsparteien 19

Prüfungsbericht 3, 13, 31
Prüfungsstandards (IDW PS)
- Rechtsqualität 4, 35

Qualitätskontrolle 3, 4 Fn. 17
Qualitätssicherung 32
- VO 1/1995 14, 15, 23

Rechtsstaatsprinzip 8
Rentenschuldbrief 47

Sachverständiger
- Anhörung durch das Gericht 8
- Ergänzungsgutachten 8
- Gerichtlich beauftragter Gutachter 8
- Gutachten 8, 56, 60, 61
- Vorlegung der Arbeitspapiere 7, 8
Saldenbestätigung 47
Schuldrechtsreform
- Intertemporale Anwendung des SchRG 17 Fn. 72
- Nebenpflichten 18, 26, 42, 43
- Rückgriff auf ältere Rechtsprechung 18

- Sachwalterhaftung 37–38
- Schutzpflichten 18, 37 ff., 43
- Vertrauensschutz 38–39
Schuldschein 47
Schuldverhältnis
- culpa in contrahendo 39 Fn. 154
- culpa in contrahendo mit Schutzwirkung für Dritte 37
- Gesetzliches Schuldverhältnis 22 Fn. 94
- Positive Forderungsverletzung 39 Fn. 154
- Rechtsgeschäftliches Schuldverhältnis 17, 37, 39
- Vertrag mit Schutzwirkung für Dritte 37
- Vorvertragliches Schuldverhältnis 17, 21, 37, 39
- Vertrauen 38
Staatsleitung zur gesamten Hand 45
Steuerberater 5 Fn. 21
- Arbeitspapiere 3 Fn. 12, 4 Fn. 18 und 19, 13 Fn. 54, 28
Steuerbevollmächtigte 5 Fn. 21

Treu und Glauben (§ 242 BGB) 10, 18, 24, 26, 30, 33, 34, 36, 37, 43

Umweltberichtsprüfer 2 Fn. 6
Urheberrecht 9
Urkunden
- Besitz 7
- Urkundenbeweis 5, 7
- Urkundenvorlegung nach §§ 142 ff. ZPO 55 ff.
- Urkundenvorlegung nach §§ 420 ff. ZPO 7 ff.
- Vorlegungsantrag 7
USA
- Internal Revenue Service (IRS) 39 Fn. 155
- Öffentliche Funktion des Abschlussprüfers 39 Fn. 155
- Pre-trial Discovery 10, 31 Fn. 127, 39 Fn. 155
- Prozessrecht 39 Fn. 155

Stichwortverzeichnis

– Working Papers 31 Fn. 127, 39 Fn. 155

Vereidigte Buchprüfer 1 Fn. 1, 14
Verlagsrecht 9
Vollständigkeitserklärung 48

WebTrust-Prüfer 2 Fn. 6
Wirtschaftsprüfer
– Allgemeine Auftragsbedingungen (AAB) 1, 16
– Arbeitspapiere (siehe dort)
– Audit Evidence 3
– Aufdeckung strafrechtlicher Tatbestände 11 Fn. 40
– Ausschlussgrund, absoluter 19
– Ausschlussgrund, relativer 19
– Berufliche Tätigkeiten 17
– Besorgnis der Befangenheit 19 Fn. 83 und 85
– Definition 1 Fn. 1
– Dritthaftung 37, 42
– Gemeinschaftsprüfung 3, 32, 35
– Gesellschaftsübergreifende Funktion 11, 19 Fn. 82
– Handakten 1, 2
– Hilfspersonen 12
– Interne Nachschau der Prüfungsqualität 3
– KonTraG 30
– Kostenvoranschlag 20
– Kündigung 12, 14
– Mandatsnachfolger 14, 32
– Peer Review 3
– Pflichtprüfung 11 Fn. 42
– Prüfer für Qualitätskontrolle 2 Fn. 6
– Prüferische Durchsicht von Abschlüssen 2 Fn. 6
– Prüfung des internen Kontrollsystems 3 Fn. 11
– Prüfungsauftrag 11
– Qualifikation 19
– Qualitätskontrolle 3
– Rechtliche Ermittlungen 11 Fn. 40
– Redepflicht 20, 31

– Rücksichtnahme auf schutzwürdige Belange 19
– Umweltberichtsprüfer 2 Fn. 6
– Unabhängigkeit 19 Fn. 85, 20
– Unterschlagungsprüfung 11 Fn. 40
– Vergütung 12
– Vermögensschadenshaftpflicht 42
– Verwertung der Arbeit von Sachverständigen 3 Fn. 11
– Vorprüfer 14
– Warnpflicht 20, 31
– WebTrust-Prüfer 2 Fn. 6
Wirtschaftsprüferkammer (WPK)
– Aufsicht 4, 14, 23 Fn. 98, 44, 45
– Beschwerdeverfahren 4, 14, 23 Fn. 98, 44, 45
– Organisation des Berufs 45
– Satzung der WPK 14
– Vorlage von Handakten 4, 44–45
Wirtschaftsprüfungsgesellschaft
– Definition 1 Fn. 1
Wirtschaftsprüferordnung (WPO)
– Herausgabe von Handakten 2, 44
– 5. WPO-Novelle 14 Fn. 56

Zeugnisverweigerungsrecht 8, 61
Zivilprozessrecht
– Anordnung der Urkundenvorlegung gemäß §§ 142 ff. ZPO 55 ff.
– Anordnung der Urkundenvorlegung gemäß §§ 420 ff. ZPO 7 ff.
– Aufklärungspflicht 65 ff.
– Aufklärung des Sachverhalts 59
– Ausforschungsbeweis 8, 57, 58
– Auslagenvorschuss 56
– Behauptungslast 61
– Beibringungsgrundsatz 57, 58, 61, 66
– Beweisantritt 56, 57
– Beweiserhebung von Amts wegen 56
– Beweiserleichterungen 29, 63
– Beweislast 61, 63
– Beweisvereitelung 63
– Beweiswürdigung 56, 65
– Darlegungslast 63
– Förderungspflichten 65 ff.

101

- Geheimhaltungsinteresse 22, 59, 65 Fn. 243
- Individualrechtschutz 61
- Mitwirkungspflichten 65 ff.
- Parteifreiheit 62
- Parteiherrschaft 56
- Parteiverantwortung 62
- Prozessleitung 55
- Rechtliches Gehör 61
- Richterliches Ermessen 60, 62
- Richterliche Neutralitätspflicht 62
- Sachverhaltsaufklärung 61
- Sachverständige 7, 8, 55, 56, 60, 61, 62
- Substantiierungspflicht 58
- Umkehr der Beweislast 29, 62–63
- Unternehmensgeheimnisse 65 Fn. 243
- Verhandlungsmaxime 57, 66
- Verschaffung notwendiger Sachkunde 60
- Verwahrung vorgelegter Akten 59 Fn. 228
- Wahrheitspflicht 60, 61
- Willkürverbot 62
- Zeugnisverweigerungsrecht 8, 61
- Zumutbarkeitsgrenze 22

Zivilprozessreformgesetz 10, 66